Educação e Transdisciplinaridade II

Educação e Transdisciplinaridade II

TRIOM – Centro de Estudos Marina e Martin Harvey Editorial e Comercial Ltda.
Rua Araçari, 218 – 01453-020 – São Paulo – SP – Brasil
Tel.: (11) 3168-8380 / Fax: (11) 3078-6966
E-mail: editora@triom.com.br – www.triom.com.br

Tradução: Judith Vero, Américo Sommerman,
Maria Mercês Rocha Leite e Lucia Pereira de Souza
Revisão técnica: Américo Sommerman
Revisão: Vitoria Mendonça de Barros, Maria F. de Mello e Ruth Cunha Cintra
Capa, diagramação e fotolitos: Casa de Tipos Bureau e Editora Ltda.

Organização das Nações Unidas para a Educação, a Ciência e a Cultura
Representação no Brasil
SAS, Quadra 5 Bloco H, Lote 6, Ed. CNPq/IBICT/UNESCO, 9º andar
70070-914 – Brasília – DF – Brasil
Tel.: (55 61) 321-3525 / Fax: (55 61) 322-4261
E-mail: UHBRZ@unesco.org

Edição patrocinada por Revista Primeira Leitura e UNESCO

Dados Internacionais de Catalogação na Publicação (CIP)
(Câmara Brasileira do Livro, SP, Brasil)

Encontro Catalisador do Projeto "A Evolução Transdisciplinar na Educação" (2. : 2000 : Guarujá, SP)
Educação e transdisciplinaridade, II / coordenação executiva do CETRANS. – São Paulo : TRIOM, 2002.

Vários palestrantes.
Vários tradutores.
Bibliografia.

ISBN 85-85-464-50-X

1. Educação – Finalidade e objetivos 2. Interdisciplinaridade e conhecimento I. Título. II. Título: Educação e transdisciplinaridade, II.
02-3658 CDD 370.1

Índices para catálogo sistemático:
1. Educação e transdisciplinaridade 370.1
2. Transdisciplinaridade e educação 370.1

Sumário

Prefácio

Fredric M. Litto
Coordenador de Pesquisa Científica
Escola do Futuro da Universidade de São Paulo

Durante os mais de trinta anos em que ministrei um curso de pós-graduação em procedimentos de pesquisa na Escola de Comunicações e Artes da USP, levei até os alunos a idéia de um dos historiadores mais importantes dos Estados Unidos no século XX, Allan Nevins: todo historiador deveria estudar um assunto afastado no tempo e um outro mais contemporâneo; e ainda um afastado no espaço e outro bem perto de onde mora. O distanciamento dos assuntos afastados em tempo e espaço darão uma perspectiva diferente sobre os fenômenos presentes e o estudo dos assuntos da vizinhança criará um laço importante com a comunidade em que se vive.

Além disso, nunca me esqueci da mensagem que Williard Libby, químico laureado recentemente com o Prêmio Nobel, transmitiu numa entrevista para o jornal dos estudantes (do qual eu era o crítico de música e teatro e, de vez em quando, restaurantes) no último ano do meu curso de graduação na Universidade da Califórnia, Los Angeles, 1959-60, quando a instituição o contratou como novo docente. O jornalista perguntou ao novo professor que disciplinas ele ministraria e, se minha memória não falha, ele respondeu: "Um seminário de pós-graduação em questões avançadas de química e Química 101" (101 é sempre o curso introdutório a qualquer área de conhecimento em universidades norte-americanas, destinado aos calouros). O jornalista, estupefato, perguntou: "Mas por que o senhor se rebaixaria para ministrar um curso tão elementar?" A nova resposta de Libby foi: "Porque no Química 101 os alunos fazem perguntas sobre os assuntos mais amplos e mais importantes da química, os quais eu, em minha pesquisa em torno de um assunto altamente específico, já esqueci. Quero voltar a ter contato com estas grandes questões."

O CETRANS, grupo de estudos da Escola do Futuro da USP, atua nesta mesma linha de investigação, fazendo "as grandes perguntas", a fim de nos ajudar a situar o homem e a mulher contemporâneos no seu mundo. Não apenas através de encontros que reúnem especialistas de áreas de conhecimento diversas, que aceitam o desafio de expor suas idéias não necessariamente convencionais num ambiente transdisciplinar, mas, mais difícil ainda, trabalhando para inserir esses conceitos inovadores na prática de aprendizagem de alunos brasileiros em escolas públicas e privadas. Investigação, divulgação dos resultados e aplicação desses mesmos resultados em experiências factíveis e reais em prol do avanço da educação brasileira – são atividades do CETRANS que têm sido bem sucedidas e representam uma contribuição muito importante para todos os pesquisadores da Escola do Futuro. O presente volume é um exemplo claro da divulgação de vários trabalhos de pesquisadores que se reuniram recentemente para adicionar mais "blocos de conhecimento" ao "edifício" de sabedoria transdisciplinar. A esperança de todos, autores, editora, entidades patrocinadoras do encontro e da Escola do Futuro da USP, é que as idéias aqui expressas sejam ponderadas, debatidas e, quando apropriado, colocadas em prática em atividades intelectuais e educacionais no país e afora.

São Paulo, 23 de fevereiro de 2002

Introdução

Maria F. de Mello
Vitória Mendonça de Barros
Américo Sommerman
Coordenadores do CETRANS
Centro de Educação Transdisciplinar da Escola do Futuro da USP

Transitude

Entre, através e além
o longe e o perto, o sem-Onde,
ontem e amanhã, o instante perene,
o movimento e o eixo, a dança.
Entre, através e além
o vidro e o ar, a transparência,
sílaba e respiração, o sabor;
o dito e o tu, a presença.
Entre, através e além
vazio e cheio, cumplicidade,
a ânfora e a argila, uma mão,
o ser e o nada, o sentido.

Jean Biès

1. Transdisciplinaridade e Conhecimento

A Transdisciplinaridade é uma teoria do conhecimento, é uma compreensão de processos, é um diálogo entre as diferentes áreas do saber e uma aventura do espírito. A Transdisciplinaridade é uma nova atitude, é a assimilação de uma cultura, é uma arte, no sentido da capacidade de articular a multirreferencialidade e a multidimensionalidade do ser humano e do mundo. Ela implica numa postura sensível, intelectual e transcendental perante si mesmo e perante o mundo. Implica, também, em aprendermos a decodificar as informações provenientes dos diferentes níveis que compõem o ser humano e como eles repercutem uns nos outros. A transdisciplinaridade transforma nosso olhar sobre o individual, o cultural e o social, remetendo para a reflexão respeitosa e aberta sobre as culturas do presente e do passado, do Ocidente e do Oriente, buscando contribuir para a sustentabilidade do ser humano e da sociedade.

Etimologicamente, *trans* é o que está ao mesmo tempo *entre* as disciplinas, *através* das diferentes disciplinas e *além* de todas as disciplinas, remetendo também à idéia de transcendência. O senso comum intui que todas essas inter-relações ocorrem no mundo e na vida. No entanto, uma vez que sempre seremos principiantes na compreensão, na incorporação e na implementação dessas inter-relações, devido à sua imensa complexidade, como levá-las à educação e à pesquisa? É para responder a essa pergunta que, após revisitar, com *respeito*, *rigor* e *inclusão* as epistemologias, os métodos, as noções de valor, de sentido, o conceito de ciência, de pesquisa, de competência, os contextos, as estruturas e dados e percepções a respeito das dimensões internas do ser humano, a Transdisciplinaridade traz sua própria contribuição integradora.

A partir do I Congresso Mundial da Transdisciplinaridade, realizado em Arrábida, Portugal, 1994, e do I Congresso Internacional, realizado em Locarno, Suiça, 1997, ambos organizados pelo CIRET *Centre International de Recherches et Etudes Transdisciplianaires* de Paris e pela UNESCO, foram definidos os três pilares da metodologia transdisciplnar: a **Complexidade**, a **Lógica do Terceiro Incluído** e os **Níveis de Realidade**.

O olhar transdisciplinar nos remete a um todo significativo que emerge de um diálogo constante entre a parte e o todo, e os três pilares da transdisciplinaridade permitem que a transdisciplinaridade também encontre seu lugar na pesquisa e na aplicação. O olhar transdisciplinar busca encontrar os princípios convergentes entre todas as culturas, para que uma visão e um diálogo transcultural, transnacional e transreligioso possam emergir, o que leva também à relativização radical de cada olhar, mas sem cair no relativismo, uma vez que a transdisciplinaridade nos permite encontrar o mundo comum, a *concordia mundis,* e o terceiro incluído entre cada par de contraditórios.

2. Documentos da Transdisciplinaridade

Em 1986 foi elaborado o primeiro documento internacional que faz referências explicitas à Transdisciplinaridade: *A Declaração de Veneza,* comunicado final do Colóquio "A Ciência Diante das Fronteiras do Conhecimento" organizado pela UNESCO, em Veneza (vide anexo 1). Em 1991 realizou-se o primeiro congresso internacional que traz no título a palavra Transdisciplinaridade: *Ciência e Tradição: Perspectivas Transdisciplinares para o Século XXI*, organizado pela UNESCO, em Paris, que deu origem a um comunicado final que indica explicitamente a necessidade de uma nova abordagem científica e cultural: a Transdisciplinaridade (anexo 2). Em 1994, no I Congresso Mundial da Transdisciplinaridade, foi formulada a *Carta da Transdisciplinaridade,* com 14 artigos (anexo 3).

Em 1996 foi publicado o *Relatório para a UNESCO da Comissão Internacional sobre Educação para o Século XXI,* elaborado por Jacques Delors, com a definição dos 4 pilares para a educação do século XXI (aprender a conhecer, aprender a fazer, aprender a viver juntos, aprender a ser) que, acrescidos dos dois pilares complementares (aprender a participar e aprender a antecipar) formulados em documento elaborado por um grupo de participantes da conferência internacional de transdisciplinaridade: *Joint Problem Solving among Science, Technology and Society,* Zurique – 2000 (anexo 4), também se constituem em elementos norteadores para o exercício efetivo da Transdisciplinaridade.

Se os líderes e os educadores das últimas gerações tivessem se norteado por parâmetros semelhantes aos expressos nesses documentos, o cenário presente do mundo provavelmente não seria tão ameaçador.

A transdisciplinaridade será uma expressão robusta e consistente na medida em que desenvolva continuamente a reflexão teórica, crie pontes entre a teoria e a prática, implemente-as nos mais diversos campos e as avalie, pois só assim poderá corrigir continuamente sua direção e seus parâmetros, enriquecendo-se e encurtando os caminhos para a resolução de problemas que digam respeito à sustentabilidade da sociedade e do ser humano. Assim, apoiada na pesquisa, pura e aplicada, a transdisciplinaridade fomentará um diálogo constante entre a teoria e a prática. Além disso, é fundamental que os diversos núcleos de pesquisa e aplicação transdisciplinar no Brasil e no exterior mantenham uma troca constante de informação, partilhando suas pesquisas e seus resultados, a fim de que seus olhares sejam mutuamente corrigidos e ampliados, otimizando o processo da Evolução Transdisciplinar na Educação.

Muitos são os desafios associados à reflexão e implementação dessa proposta visionária. Entre elas podemos destacar a formação de formadores transdisciplinares. Essa formação deve contemplar um processo tripolar: autoformação (a formação na relação consigo mesmo), heteroformação (a formação na relação com os outros) e ecoformação (a formação na relação com o ambiente) (Pineau, 1997), e é fundamental que essa formação tripolar inclua um olhar multidimensional sobre o sujeito e o objeto, implícita na transdisciplinaridade, remetendo-nos assim aos diferentes níveis de percepção do sujeito e aos diferentes níveis de realidade do objeto (Nicolescu, 2001). Além disso, numa definição ampla de cultura, toda cultura apresenta três ordens ontonômicas, na qual se entrecruzam três níveis ou dimensões: a mítico-simbólica, a lógico-epistêmica e a mistérica (Coll, 2000), que também devem ser levadas em conta no processo de formação. Tudo isso demanda que sejam fomentadas estruturas institucionais criativas e favoráveis ao exercício da Transdisciplinaridade.

Na Transdisciplinaridade não existe um piloto automático, pois não há algoritmos, modelos prontos, nem um conhecimento dogmático. Os modelos estão numa remodelação permanente diante de cada campo de reflexão e de cada campo de aplicação. Somos todos *transnautas*, explorando, criando e aplicando o imaginário transdisciplinar na complexidade dos diferentes 'territórios', nos diferentes níveis de realidade, incluindo a intuição racional, do coração, intelectiva e essencial, e também lógicas não clássicas, com ênfase na lógica do terceiro incluído, possibilitando, assim, a emergência de novos cenários.

Esta tarefa é ao mesmo tempo solitária e solidária e florescerá na medida em que nos dispusermos a dar a nossa contribuição, trabalhando voluntariamente juntos, mas nos deixando reciprocamente livres.

3. O Projeto do CETRANS O Projeto Matricial e os Projetos-Piloto

Em 1998 apresentamos ao Prof. Fredric Michael Litto, coordenador científico da Escola do Futuro da USP, o projeto transdisciplinar que elaboramos nos dois anos anteriores e que intitulamos "A Evolução Transdisciplinar na Educação". O Prof. Litto acreditou na nossa proposta e acolheu imediatamente o projeto.

Nesse mesmo ano, foi criado o Centro de Educação Transdisciplinar CETRANS, coordenado por nós e abrigado na Escola do Futuro da Universidade de São Paulo, com a finalidade de implementar o Projeto Matricial *A Evolução Transdisciplinar na Educação Contribuindo para o Desenvolvimento Sustentável da Sociedade e do Ser Humano.* Este Projeto Matricial, previsto inicialmente para três anos, logo foi ampliado para cinco anos (1998-2002), constituindo-se na primeira etapa da ação do CETRANS (anexo 5). O objetivo desse Projeto Matricial é formar 40 formadores transdisciplinares, que devem criar e implementar projetos-piloto, permeados pela visão, atitude e metodologia transdisciplinares.

3.1 Os membros do CETRANS

Em 1997, 1998 e início de 1999 entramos em contato com aproximadamente 200 pessoas, das mais diferentes áreas do conhecimento, buscando encontrar o grupo inicial dos 40 formadores do projeto. Algumas pessoas não se interessaram pela proposta veiculada nele, outras se interessaram mas a consideraram prematura ou utópica, e aquelas que aderiram o fizeram ou porque nela encontraram ressonância com as atividades que já desenvolviam e para as quais careciam de fundamentação epistemológica, ou porque estavam conscientes da necessidade de uma nova abordagem formativa e educacional. A seleção dos membros seguiu, basicamente, dois critérios: 1) ter afinidade e comprometimento com o projeto e 2) pertencer a campos ainda não preenchidos por membros já inscritos, uma vez que pretendíamos formar um grupo o mais diversificado possível. No início de 1999, o grupo inicial se constitui (anexo 6).

Inicialmente, também constituímos um grupo de 8 conselheiros, igualmente das áreas mais diversas. Durante a elaboração do Projeto e no início da ação do CETRANS, esse grupo de conselheiros foi muito importante, pois foram excelentes interlocutores para os três coordenadores. No entanto, no final do ano 2000, foi proposta a modificação do *status* desse grupo, que passou a ser o "grupo de colaboradores". Nessa mesma época, alguns membros do CETRANS propuseram outras duas modificações da mesma natureza: que os até então denominados 40 formadores passassem a ser chamados pesquisadores-formadores e que, os até então chamados *experts* estrangeiros, passassem a ser chamados pesquisadores-formadores estrangeiros. Após sugerida, essa mudança foi aceita por todos, inclusive pelos estrangeiros. Esse mudança foi significativa para aproximar e aprofundar a relação entre todos.

Portanto, em 1998, os membros do CETRANS se estruturavam da maneira seguinte: 3 coordenadores executivos, 8 conselheiros, 40 formadores. No ano 2000, 3 formadores deixaram o projeto e 5 novos entraram, de modo que o Projeto passou a ser constituído por: 3 coordenadores executivos, 8 colaboradores e 42 pesquisadores-formadores. Além disso, contamos com o apoio logístico da secretaria da Escola do Futuro e de cinco voluntários, que nos auxiliaram nas áreas de *design* gráfico, secretaria, assistência administrativa e manutenção do *site.*

3.2 Patrocínio

De 1998 a 2002, o Projeto Matricial contou com o patrocínio da CESP (Cia. Energética de São Paulo), da UNESCO, do Ministério da Educação, da Mercedes-Benz e da Editora Triom para a promoção de três eventos internacionais, que denominamos "encontros catalisadores".

3.3 Objetivos

O Projeto Matricial se propõe a criar espaços de diálogo transdisciplinar, oferecer cursos presenciais e a distância, produzir, traduzir e publicar artigos e livros para a reflexão, orientar a criação, a coordenação e implementação de projetos-piloto permeados pela transdisciplinaridade, desenvolver instrumentos de investigação que possam comunicar a proposta transdisciplinar em sua abrangência multirrefencial e multidimensional.

Até o presente momento, as etapas previstas pelo Projeto Matricial foram cumpridas com sucesso, apesar das dificuldades financeiras e dos enormes desafios que tiveram de ser enfrentados, tais como: imprimir, nas relações entre os participantes, um diálogo de natureza transdisciplinar; criar pontes entre teoria e prática de forma a garantir que os projetos-piloto refletissem a metodologia transdisciplinar nos seus vários estágios de implementação; e iniciar a elaboração de uma avaliação processual de caráter transdisciplinar.

3.4 Fundamentação teórica

O CETRANS, o Projeto Matricial e os projetos-piloto pautam todas as suas ações nos pressupostos dos itens 1 e 2 enunciados acima.

As palavras-chave do Projeto Matricial são: *Transdisciplinaridade; Metodologia Transdisciplinar: Complexidade, Níveis de Realidade, Lógica do Terceiro Incluído; Formação de Formadores; Criação de Pontes entre Teoria e Prática; Publicação Transdisciplinar; Transdisciplinaridade e Espaço Cibernético.*

4. O trajeto do Projeto Matricial de janeiro de 1998 a julho de 2002

4.1 Encontros catalisadores

Em seu documento inicial, o projeto *A Evolução Transdisciplinar na Educação* se propunha a realizar três encontros internacionais, chamados "encontros catalisadores", a fim de trazer ao Brasil alguns pensadores transdisciplinares estrangeiros capazes de contribuir para a reflexão dos aproximadamente 50 membros do CETRANS. O I Encontro ocorreu em 1999, o II Encontro, cujo conteúdo apresentamos neste livro, ocorreu em 2000 e, em 2001, realizamos o III Encontro. Os dois primeiros foram realizados fora de São Paulo, em lugares de grande beleza. O terceiro ocorreu em São Paulo, na própria USP. Deles participaram apenas os membros do CETRANS, a fim de que eles pudessem conviver em tempo integral, entre si e com os conferencistas internacionais, durante os quatro dias. A carga horária total dos três encontros somados foi de 98 horas.

As conferências do I Encontro Catalisador realizado em Itatiba, de 16 a 18 de abril de 1999, a respeito de temas definidos por nós, foram as seguintes: *A prática da transdisciplinaridade*, por Basarab Nicolescu; *Um novo tipo de conhecimento – a transdisciplinaridade*, por Basarab Nicolescu; *O sentido do sentido*, por Gaston Pineau; *A ética universal e a noção de valor*, por Paul Taylor; *Cognição e transdisciplinaridade*, por Humberto Maturana; *O Belo*, por Michel Random. A carga horária total do I Encontro foi de 31 horas.

As conferências do II Encontro Catalisador realizado no Guarujá, de 8 a 11 de junho de 2000, também sobre temas definidos por nós, foram as seguintes: *Fundamentos metodológicos para o estudo transcultural e transreligioso*, por Basarab Nicolescu; *Poincaré, Bergson e Duchamp e a emergência da complexidade*, por Martin Rosenberg; *As culturas não são disciplinas: Existe o transcultual?*, por Agustí Nicolau Coll; *Revelação e revolução: buscando uma história das religiões*, por Steven Wasserstrom; *A autoformação: uma perspectiva transpessoal, transdisciplinar e transcultural*, por Pascal Galvani; *Teoria da metáfora na teoria do hipertexto*, por Martin Rosemberg; *O imaginário e a transdisciplinaridade*, por Patrick Paul. A carga horária total do II Encontro foi de 38 horas.

Os temas das 27 conferências do III Encontro Catalisador (anexo 7) realizado em São Paulo, no campus da USP, de 18 a 21 de maio de 2001, foram definidos pelos próprios conferencistas, 26 deles membros do CETRANS. A carga horária total do III Encontro foi de 29 horas. Várias dessas conferências serão publicadas dentro de um ou dois anos no livro *Educação e Transdisciplinaridade III.*

4.2 Reuniões presenciais mensais

No I Encontro Catalisador os 40 pesquisadores-formadores do CETRANS solicitaram aos três coordenadores a realização de reuniões presenciais para que a compreensão das palestras e a reflexão transdisciplinar sobre os seus conteúdos fosse aprofundada, uma vez que estas tinham sido extremamente densas. As reuniões presenciais sobre temas centrais do pensamento transdisciplinar passaram a fazer parte do Projeto Matricial do CETRANS e realizaram-se por todo o ano de 1999, 2000 e 2001. Nesses três anos, ocorreram 21 reuniões presenciais, somando uma carga horária total de 78 horas.

4.2.1 Em 1999 foram realizadas as seguintes reuniões presenciais:

1º) Tema: O Pensamento Complexo. Palestrantes: prof. Nelson

Fiedler Ferrara – Física/USP e prof. Laerthe Abreu Junior – Educação – Univ. São Francisco. Data: 19 de maio. Carga horária: 3h.

2º) Tema: A Lógica do Terceiro Incluído. Palestrante: prof. Amâncio Friaça – Astrofísica/USP. Data: 26 de julho. Carga horária: 3h.

3º) Tema: Os Diferente Níveis de Realidade. Palestrante: prof. Marcio Lupion – Arquitetura/Mackenzie. Data: 18 de agosto. Carga horária: 3h.

4º) Tema: Cibercultura e Transdisciplinaridade. Palestrante: profa. Brasilina Passarelli – Comunicações/USP. Data: 08 de setembro. Carga horária: 3h.

5º) Tema: Tempo e transtemporalidade. Palestrante: prof. Patrick Paul – Medicina e Ciências da Educação/Univ. François Rabelais de Tours – França. Data: 18 de outubro. Carga horária: 4h30.

6º) Tema: a) Relatório dos projetos-piloto, b) Discussão sobre a implementação dos projetos-piloto, c) Avaliação das atividades do CETRANS em 1999, d) Sugestões para as atividades de 2000. Data: 10 de novembro. Carga horária: 3h.

4.2.2 No ano 2000 foram realizadas as seguintes reuniões presenciais:

7º) Tema: Apresentação de três dos projetos-piloto do CETRANS. Palestrantes: Profa. Ondalva Serrano – Engenharia Ambiental/Instituto Florestal de São Paulo; Yara Boaventura da Silva e Josinete Aparecida da Silva – Enfermagem – Hospital do Câncer; profa. Silvia Fichmann – Educação/Escola do Futuro da USP. Data: 21 de março. Carga horária: 3h.

8º) Tema: Psicanálise e Transdisciplinaridade. Palestrante: Ignacio Gerber – Psicanálise e Engenharia/USP e Sociedade Brasileira de Psicanálise. Data: 24 de abril. Carga horária: 3h.

9º) Tema: Gödel e a Transdisciplinaridade. Palestrante: prof.

Ubiratan d'Ambrosio – Matemática/USP e UNICAMP. Data: 15 de maio. Carga horária: 3h.

10º) Tema: Avaliação do II Encontro Catalisador. Palestrante: todos os membros do CETRANS que estiveram presentes (14). Data: 15 de agosto. Carga horária: 3h.

11º) Tema: Avaliação do II Encontro Catalisador. Palestrante: todos os membros do CETRANS que estiveram presentes (13). Data: 31 de setembro. Carga horária: 3h.

12º) Tema: Quem sou eu? Palestrante: todos os membros do CETRANS que estiveram presentes (24). Data: 8 de outubro. Carga horária: 4h.

13º) Tema: Quem somos nós? Qual é a Cultura do CETRANS? Palestrante: todos os membros do CETRANS que estiveram presentes (14). Data: 26 de novembro. Carga horária: 7h.

4.2.3 No ano 2001 foram realizadas as seguintes reuniões presenciais:

14º) Tema: Reflexão sobre duas conferências do II Encontro Catalisador: a) Fundamentos metodológicos para uma abordagem transreligiosa e transcultural, b) A imaginação como objeto do conhecimento. Palestrante: todos os membros do CETRANS que estiveram presentes (17). Data: 01 de fevereiro. Carga horária: 7h.

15º) Tema: reflexão sobre outra conferência do II Encontro Catalisador; reflexão sobre essas duas palestras do II Encontro Catalisador: A autoformação, uma perspectiva transpessoal, transdisciplinar e transcultural. Palestrante: todos os membros do CETRANS que estiveram presentes (18). Data: 15 de março. Carga horária: 3h.

16º) Tema: A lógica clássica, as lógicas não-clássicas e a lógica paraconsistente. Palestrante: Prof. Newton C. A. da Costa – Filosofia/USP. Data: 19 de abril. Carga horária: 3h.

17º) Tema: Metodologia de pesquisa e transdisciplinaridade (I). Palestrante: Profa. Brasilina Passareli – Comunicações/USP e membro do CETRANS; Prof. Nelson Fiedler-Ferrara – Física/USP e membro do CETRANS; Prof. Derli Barbosa – Educação/UNIFIEO. Data: 28 de junho. Carga horária: 3h.

18º) Tema: Metodologia de pesquisa e transdisciplinaridade (II). Palestrante: Profa. Mariana Lacombe – Filosofia/UNIFIEO e membro do CETRANS; Prof. Luiz Prigenzi – Medicina e Biologia/UNICAMP e UNESP e membro do CETRANS; Prof. Daniel José da Silva – Eng. Abiental/UFSC. Data: 19 de julho. Carga horária: 3h.

19º) Tema: Avaliação do III Encontro Catalisador (I). Palestrante: todos os membros do CETRANS que estiveram presentes (7). Data: 23 de agosto. Carga horária: 3h.

20º) Tema: Auto, hétero e ecoavaliação do III Encontro Catalisador (II). Paletrante: todos os membros do CETRANS que estiveram presentes (6). Data: 18 de setembro. Carga horária: 3h.

21º) Tema: Auto, hétero e ecoavaliação do III Encontro Catalisador (III). Paletrante: todos os membros do CETRANS que estiveram presentes (9). Data: 19 de outubro. Carga horária: 3h.

5. O *site* do CETRANS

Em 1998, no terceiro mês de existência do CETRANS, começamos a criar o *site* do CETRANS: <http://www.cetrans.futuro.usp.br>, que foi ao ar em novembro desse mesmo ano. Desde o início, estava claro para nós que um *site* seria uma ferramenta muito eficaz tanto para auxiliar na formação dos nossos 40 pesquisadores-formadores, como para divulgar as nossas atividades e o pensamento transdisciplinar para o restante da sociedade. Para este fim, traduzimos e escrevemos inúmeros artigos sobre temas e conceitos-chave do pensamento transdisciplinar para o *site* e realizamos várias atualizações do mesmo.

6. Os livros traduzidos e publicados pelo CETRANS

Juntamente com a criação do *site*, começamos a pensar na publicação de alguns livros que pudessem se constituir numa bibliografia transdisciplinar básica em português, tanto para dar subsídios aos 40 pesquisadores-formadores do CETRANS, como para outros pesquisadores brasileiros. Para isso, contamos com a parceria da UNESCO e da Editora Triom, que criou uma coleção transdisciplinar.

6.1 Publicações que fizemos em 1999 e 2000:

— *O Manifesto da Transdisciplinaridade*, Basarab Nicolescu. São Paulo: Triom, 1999. Texto básico de referência para o pensamento transdisciplinar, no qual o autor, físico teórico do CNRS, Universidade Paris 6, e presidente do Centro de Pesquisas e Estudos Transdisciplinares (CIRET) desenvolve o histórico do aparecimento do pensamento transdisciplinar, define o conceito, a epistemologia, os três pilares da metodologia transdisciplinar.

— *O Pensamento Transdisciplinar e o Real*, Michel Random. São Paulo: Triom, 2000. Entrevistas realizadas por Michel Random durante o I Congresso Mundial da Transdisciplinaridade em Portugal, em 1994, com grandes nomes de várias áreas do conhecimento (Edgar Morin, Basarab Nicolescu, Gilbert Durand, entre outros), nas quais os entrevistados falam, a partir de seus campos, sobre o olhar transdisciplinar e sua contribuição para solucionar alguns dos grandes impasses da sociedade atual. Este livro aprofunda a reflexão sobre a epistemologia e a metodologia transdisciplinares.

— *Educação e Transdisciplinaridade I*, Maria F. Mello, Vitória M. Barros e Américo Sommerman (orgs.). Brasília: UNESCO, 2000. Contém o texto das seis conferências do I Encontro Catalisador organizado pelo CETRANS da Escola do Futuro da USP em 1999.

6.2 Livros publicados em 2001:

— *Stéphane Lupasco: O Homem e a Obra*, B. Nicolescu e H. Badescu (orgs.). São Paulo: Triom, 2001. Esta obra, que reúne testemunhos e estudos assinados por dezenove pesquisadores vindos de diferentes campos, é fruto do colóquio realizado em 1998 no *Institut de France* em homenagem a Lupasco, físico e filósofo romeno que elaborou, a partir dos dados paradoxais da ciência contemporânea, uma lógica quântica, não-clássica, ternária, que é um dos pilares da epistemologia transdisciplinar e tem exercido uma influência significativa, muitas vezes de maneira marginal, no pensamento ocidental destas últimas décadas. Este livro dá subsídios para a reflexão sobre a lógica, em especial a do terceiro incluído, e para sua aplicação.

— *O Manifesto da Transdisciplinaridade*, Basarab Nicolescu. 2ª edição. São Paulo: Triom.

— *O Caminho do Sábio*, Jean Biès. São Paulo: Triom, 2001. A partir de 12 entrevistas com expoentes de diferentes culturas e religiões, que falam sobre a busca de sentido, o autor descortina um magnífico panorama de um diálogo transcultural e transreligioso, pedra angular da transdisciplinaridade. Este livro mostra, de forma clara, a possibilidade do diálogo transcultural e transreligioso e pode servir de subsídio para a reflexão sobre dois dos Quatro Pilares da Educação propostos no *Relatório para a UNESCO da Comissão Internacional sobre a Educação para o Século XXI*: 'aprender a viver em conjunto' e 'aprender a ser'.

6.3 Livros publicados em 2002:

— *Educação e Transdisciplinaridade II*, Américo Sommerman, Maria F. de Mello e Vitória M. de Barros (orgs.). São Paulo: Triom/UNESCO, 2002. Textos das conferências do II Encontro Catalisador organizado pelo CETRANS da Escola do Futuro da USP em 2000.

— *O Homem do Futuro – Um Ser em Construção*. São Paulo: Triom, 2002. Contém artigos de membros do CIRET (Centro

Internacional de Pesquisas e Estudos Transdisciplinares – Paris): Adonis, Basarab Nicolescu, Michel Camus, Michel Random, Patrick Paul, René Barbier e outros, sobre suas perspectivas no que diz respeito à sociedade e ao homem do século XXI.

6.4 Livros a serem publicados em 2003:

— *A Religião Após a Religião*, Steven M. Wasserstrom. São Paulo: Triom.

— *O Espírito da Política – Homem Político*, Raimond Panikkar. São Paulo: Triom.

— *Temporalidade e Formação*, Gaston Pineau. São Paulo: Triom.

— *Ciência do Homem e Tradição: O Novo Espírito Antropológico*, Gilbert Durand. São Paulo: Triom.

— *Práticas Médicas, Formações e Transdisciplinaridade*, Patrick Paul. São Paulo: Triom.

6.5 Livros a serem publicados em 2004:

— *The View from Within – First Person Aproaches to the Study of Consciousness*, Editado por Francisco Varela e Jonathan Shear, Imprint Academic, Londres, 1999.

— *Stéphane Lupasco, Le Principe d'antagonisme et la logique de l'energie*, Éditions Le Rocher, Monte Carlo, 1987.

— *Interviews with a Mathematician*, Gregory Chaitin. Singapore: Springer, 2001.

7. A questão da avaliação transdisciplinar

Alguns meses antes do II Encontro Catalisador, que ocorreu em junho de 2000, começamos a refletir mais intensamente sobre a questão da avaliação: o que seria uma avaliação transdisciplinar? Como um dos projetos-piloto estava começando a trabalhar um tema correlato, pedimos que as suas coordenadoras – Silvana

Cappanari e Marise Rayel – nos ajudassem a desenvolver um processo de avaliação do II Encontro. Tivemos várias reuniões com elas e elaboramos juntos algumas formas de alcançar esse fim: uma avaliação permeada pela transdisciplinaridade.

Durante o II Encontro, as avaliações planejadas sofreram alguns ajustes e modificações, devido às tensões que foram emergindo. Uma das modificações ocorreu quando, numa das avaliações previstas para o Encontro, alguns membros de um dos quatro grupos nos quais foram divididos todos os presentes, manifestaram sua insatisfação com o pouco tempo, segundo a sua opinião, para os pesquisadores-formadores se expressarem e o tempo excessivo para as conferências dos convidados estrangeiros.

Um dos temas centrais da reflexão do CETRANS em 2002 é a avaliação transdisciplinar. Vários outros instrumentos foram e serão criados e testados para a avaliação dos dois cursos sobre o pensamento transdisciplinar que estão em andamento. Em breve, pretendemos publicar um artigo específico sobre este tema e ele também estará disponível no *site*.

8. Ações futuras

8.1 Em 2002

a) Conclusão dos dois cursos em andamento: "O Pensamento Transdisciplinar" e "Tópicos Avançados em Transdisciplinaridade: a teoria de Charles S. Peirce e o pensamento contemporâneo";
b) Reformulação e atualização do *site*;
c) Seqüência do desenvolvimento dos projetos em andamento.

8.2 Em 2003

a) Repetição dos dois cursos realizados em 2002, com os aprimoramentos que se mostrarem necessários;
b) Atualização do *site*;
c) Publicação de mais alguns títulos da coleção transdisciplinar fruto da parceria entre a Editora Triom e o CETRANS.

8.3 Em 2004

a) Realização de um evento internacional para fazer avançar a pesquisa sobre a metodologia transdisciplinar e para a divulgação das ações transdisciplinares em andamento no mundo
b) Repetição dos dois cursos realizados nos dois anos anteriores, com os aprimoramentos que se mostrarem necessários;
c) Atualização do *site*;
d) Publicação de mais alguns títulos da coleção transdisciplinar fruto da perceria entre o CETRANS e a Editora Triom.

Maria F. de Mello
Vitoria M. de Barros
Américo Sommerman

São Paulo, 27 de junho de 2002

Referências da Introdução

COLL, A. N. *As Culturas não são Disciplinas: Existe o Transcultural?* In: Educação e Transdisciplinaridade II. São Paulo: Triom/ Unesco, 2002.

NICOLESCU, B. *O Manifesto da Transdisciplinaridade.* 2ª ed. São Paulo: Triom, 2001.

PINEAU, G. *A Autoformação no Decurso da Vida.* Disponível em: <http://www.cetrans.futuro.usp.br>. Acesso em: 27 de junho de 2002.

Palestra proferida por Michel Random por ocasião do lançamento de seu livro O Pensamento Transdisciplinar e o Real, *Editora Triom, São Paulo, 2000, evento este que fez parte do II Encontro Catalisador do CETRANS da Escola do Futuro da USP*

Michel Random é escritor, cineasta, fotógrafo e filósofo. Nesta condição participou de inúmeros colóquios internacionais organizados pela UNESCO e Nações Unidas: Tsukuba (Japão, 1985), Veneza (1986) no qual redigiu a apresentação na *La Science face aus confins de la connaissance* (1987), Vancouver (1989), São Paulo (1993), Arrabida (Portugal, 1994) e Tóquio (1995) do qual foi o Relator. É signatário da 'Declaração de Veneza', da 'Declaração de Vancouver' e da 'Mensagem de Tóquio'.
Em 1976, durante a realização do filme *L'Art Visionnaire*, foi criado o movimento dos 'Gravadores e pintores visionários', ao qual ele dedicou duas obras importantes: *L'Art Visionnaire* tomo I, 1979, e tomo II, 1991.
Em 1982, Michel Random estimula os 12 primeiros números da revista 'Troisième Millénaire' onde se manifesta um pensamento 'Transdisciplinar' antecipado.
De 1983 a 1989 criou e estimulou as edições du Félin, na qual publicou livros dedicados às ciências, aos símbolos e às Tradições.
É autor de uns quinze livros e de vinte e cinco horas de filmes para a televisão francesa, assim como de uma obra fotográfica importante que foi objeto de inúmeras exposições.

O Território do Olhar

Quem teria imaginado, por volta de 1900, que em cinquenta anos saberíamos muito mais e compreenderíamos muito menos?

Einstein, por volta de 1954

1. Qual é o território de nosso olhar?

Está nosso olhar limitado a nossos sentidos, a nossas avaliações, a nossa subjetividade? Um olhar que, infinitamente, se refletiria em seu próprio espelho.

É possível perceber o real além do espelho? Um real global, cósmico e subquântico, integrando, a cada bilionésimo de segundo, a parte e o Todo? Mas, neste caso, em que nível se situa aquilo que chamamos de realidade objetiva? Ela é independente do observador ou, ao contrário, esta visão da unidade não realiza a travessia do espelho em si mesma?

Por que o território de nossos pensamentos, nossas aquisições culturais, determinam em grande parte os fenômenos de nossa vida? Em que somos dependentes ou independentes dos fenômenos?

Como resistir ou mudar o modelo mecanicista de produção, consumo, poluição, que arrasta o planeta para o desastre? É possível mudar nosso território cultural, para nós e para os outros? Se a resposta é afirmativa, partindo de quais conceitos? A descoberta da ponte entre ciência e tradição, modernidade e sabedorias antigas, entre Oriente e Ocidente é possível?

Nosso olhar sobre a realidade determina a própria realidade. Mas a evolução do olhar, dos conceitos, das crenças é extremamente lenta, ao passo que a situação planetária experimenta, em todos os setores da tecnologia e da ciência, mas também na deterioração da vida planetária, uma aceleração exponencial.

Avançamos ou regredimos neste último meio século? Percebemos que, a despeito de todos os perigos colocados como epígrafes pelos inúmeros pensadores e sábios, existe uma situação de fato, em que a destruição planetária se amplifica e a pobreza cresce sem que surja a mínima alteração nos conceitos, em nossa maneira de administrar nossas realidades. A crença cega nos poderes da tecnologia apenas se reforça. O pensamento mecanicista do século XIX construiu a mundo tal como ele é. Fundamentalmente, um século depois do aparecimento da visão quântica, a causalidade mais rígida determina continuamente nossa organização econômica e social e pouco ou quase nada foi mudado no ensino.

Podemos nos perguntar que nova forma de pensamento poderia mudar nossa realidade.

Como agir, como aprender a aprender? Mas, como mudar o que quer que seja se não adquirimos estatura ou interioridade suficiente para questionar o próprio território de nossos pensamentos? Agimos individualmente e coletivamente em relação ao sentido que atribuímos aos conceitos que formam nossa realidade. Mas, não estamos confinados em um território limitado? Somos capazes de enriquecer-nos com o sentido em si, trazido pela ciência, pelas tradições e pelas grandes sabedorias. Enriquecer-se de sentido não é enriquecer-se de vida?

O território do sentido é em si uma disciplina que nos leva a olhar, a investigar o sentido, mas também nossa maneira de ver, de interpretar o próprio sentido. Imaginando que pudéssemos abrir nosso cérebro e mostrar seus conceitos, sua enorme geografia, seríamos capazes de ver suas possibilidades, suas belezas e seus limites? Poderíamos olhar e ver como somos fisiologicamente, mentalmente e espiritualmente constituídos? Que tipo de ser somos nós, a que espécie espiritual pertencemos, que bem ou que mal somos capazes de cometer por nós e pelos outros? Somos meros instrumentos ou seres conscientes e atuantes na Terra e no cosmo? Este tipo de dúvida pode parecer estranho. Mas, como progredir, ser apaixonadamente vivo, se instauramos em nós uma rotina cultural e espiritual, talvez confortável, mas repetitiva, ineficaz e enfadonha?

E o próprio cosmo, por que nos criou como somos?

Qual é o sentido de nossa vida, de nosso destino, para que serve o homem, a natureza, o próprio cosmo e qual é sua finalidade? Colocar tais questões, parece, *a priori*, absurdo, pois elas constituem o próprio território de nossa realidade. Mas também podemos pensar, acreditar e imaginar que tudo está ligado no cosmo, que tudo tem sentido, que "sendo as coisas o que são", é a imagem da ganga que contém o fruto ou a semente e que o sentido oculto é esta semente que almeja, com todas as suas forças, crescer e aparecer.

É quase impossível vislumbrar até que ponto nada está separado na ordem orgânica e cósmica, em que o real é uma interação instantânea entre o local e o global, o subjetivo e o objetivo, o infinitamente pequeno e o infinitamente grande. Mas, o ser humano tem o privilégio de ter um cérebro e um mental que tem o privilégio de separar, de dividir, de criar infinitas disciplinas, infinitas maneiras de olhar os seres e as coisas e de criar tantos conceitos e realidades quanto possa imaginar.

É portanto inútil tentar criar um distanciamento, olhar com serenidade quem somos, de um ponto mais alto e mais distante. Ter um recuo com qualquer tipo de bagagem cultural e espiritual, usar de qualquer forma nosso cérebro para ver se ele não é formado, como uma colcha de retalhos heteróclita, de movimentos que o definem, de fascinações que o obcecam. Olhar nosso cérebro como um território. Coloco esta questão para esclarecer todos os aspectos objetivos ou subjetivos que definem normalmente tal exame. Mas, será isso completamente utópico? Não temos o privilégio de sermos conscientes de nossa consciência. E nossa consciência ordinária não tem vários graus ou níveis de consciência? Talvez não exista nenhum território neste mundo para descansar a cabeça, mas talvez exista um local sereno, uma zona do sentido em que podemos, por um instante, ter um recuo, nos desligar do domínio das idéias, dos seres, das coisas e, principalmente, de nós.

Em última análise, podemos nos recusar o enriquecimento de sentido? Descobrir-nos um lugar, um espaço interno onde os conceitos, as idéias, as crenças ou os paradigmas já não são aceitos sem discriminação? A partir deste lugar podemos observar se a aquisição é um território fortemente ancorado e indestrutível. Se não há nada a retirar, a acrescentar ou a modificar. Talvez, nos melhores momentos assim como nos piores, possamos viver confortavelmente sem este tipo de questionamento. Mas o tempo da modernidade não tem equivalente na história, pois vivemos um tempo diferente, o da grande aceleração. Não dirigimos diariamente pacíficas charretes puxadas por cavalos, mas bólidos a toda velocidade nas estradas. Definitivamente existe uma relação entre a aceleração do tempo e a aceleração do sentido. Participamos potencialmente de riquezas de informação quase ilimitadas, mas o sentido procede de uma alquimia interna que precisa de tempo, de espaço e, acima de tudo, de respiro. As riquezas do sentido estão aqui, elas também, abundantes, a nosso alcance. Mas precisamos, a despeito da aceleração do tempo, reaprender a dar tempo ao tempo, para lucrarmos com as inúmeras riquezas do sentido e transportá-las para nosso território.

2. Para que serve o conhecimento?

Conhecer nossa relação com nós mesmos, com os outros? Compreender o incognocível? O sentido e o objetivo da vida e da energia cósmica? Chegar a níveis de realidade cada vez mais sutis e indescritíveis? Ou simplesmente concretizar o desenvolvimento do ser, a harmonia, o crescimento físico e espiritual, preservar a saúde, viver bastante?

3. As variáves veladas do ser

Se eliminarmos o conjunto dos fatores que determinam quem somos, a hereditariedade, a cultura, a afetividade, a época em que nascemos, os modelos religiosos e sociais, qual é a parte 'objetiva' do ser que não estaria sujeita ao conjunto destes modelos? Para a maioria dos seres humanos esta porcentagem de objetividade é ínfima, quando não nula.

E, no entanto, existe um campo infinito no fundo de nós mesmos, que encontramos nos sonhos, em uma emoção intensa, em raros e misteriosos momentos de nossa vida. Um físico o chamaria talvez de 'campo das variáveis veladas', um místico, o sentimento da unidade infinita, *o continuum* fora do tempo, a unidade perceptível do invisível dentro do visível.

4. O salto quântico e mais além

Somos livres para perceber o universo como uma mecânica, para nos imaginar o centro e a consciência pensante do universo, para ver todas as coisas somente pela visão da ciência. Somos livres também para perceber que o universo é antes a expressão "de um grande pensamento do que de uma grande máquina", como já dizia o filósofo William James, em 1930. Podemos constatar que a observação, a análise, nos tranquilizam e nos impedem de perceber o todo aleatório da realidade, sua riqueza, sua complexidade e também sua imprevisibilidade total. O que traduzimos pelo 'Todo diferente das partes'.

5. Quando a consciência olha a consciência

O que diferencia o homem do chimpanzé é que tanto o chimpanzé como o homem se olha no espelho, mas o homem possui uma dupla consciência, é consciente da consciência de se olhar no espelho. Atrás deste primeiro nível de consciência consciente, insinua-se uma infinidade de outras que às vezes percebemos nos sonhos ou em estados especiais. Algumas disciplinas sufis têm como único objetivo despertar e fazer com que o indivíduo perceba níveis de consciência cada vez mais sutis. Assim como, à medida que avançamos numa paisagem, mais alteradas ficam suas aparências. Portanto, aqui também existe uma infinidade de enfoques possíveis dependendo do lugar e da distância de onde olhamos.

6. Conhecimento e desconhecimento.

Mais de 90% das energias do universo, que chamamos matéria negra, continuam totalmente desconhecidas. O mesmo se dá com o cérebro, com o cosmo ou o DNA. Nossos conhecimentos, por mais extensos que aparentemente pareçam, ainda são uma frágil balsa num oceano ilimitado de desconhecimento.

Neste universo de desconhecimento, o homem manipula a vida através dos genes, a energia através das partículas e concede a si mesmo a ilusão de dominar o incognoscível, a inacreditável complexidade das interações, atribuindo ao imprevisível e ao aleatório Y o *status* da causalidade. Ora, constatamos todos os dias a mutação dos vírus, a ineficácia crescente dos antibióticos, o aparecimento de antigas doenças e de novas, a diminuição da imunidade natural, etc, porque esquecemos que o homem e o ser vivo são um único todo e pertencem juntos ao cosmo. Ora, o Todo não se deixa reduzir pela parte.

O físico Bernard d'Espagnat observa, entre tantos outros, que o real está velado. Heisenberg demonstrou com seu 'Princípio de Incerteza' que o observador modifica a observação. Mas a observação, as estatísticas e a análise continuam sendo os dogmas inalteráveis do pensamento científico moderno. Goëdel enuncia que todo processo aritmético é incapaz de descrever a realidade, mas longe de ser um instrumento de conhecimento ou do imaginário, as matemáticas formalizam toda a realidade e os algoritmos transformam-se no supra-sumo do mundo informático e virtual. Representamos nossos conhecimentos na superfície do espelho, dando-nos a ilusão de atravessá-lo.

7. Quem dá a ordem?

Por surpreendente que seja, o território da ciência não pode resolver a questão: por que as coisas são o que são? Os físicos que vão até as profundezas das energias subquânticas consideram a matéria como um campo infinito de pura vibração. Mas observam que o instrumento científico, por mais refinado que seja, é incapaz de responder à questão: quem dá a ordem? As teorias contemporâneas mais sofisticadas acessam o Todo com fascinantes teorias, que abordaremos mais adiante, mas uma abordagem, por sutil que seja, do real, apenas roça nele, mesmo que momentaneamente nos faça dar um passo à frente. Aquele que dá a ordem permanece desconhecido.

8. Aprender a aprender

O que resta a fazer, a título pessoal ou universitário, é forçosamente se informar e aprender. Mas, quando o território da informação, da descrição das coisas e fenômenos se basta por si só, o sentido desaparece, quando não até se transforma em inimigo. O pensamento causal detesta o sentido, porque ele é múltiplo, complexo e desvenda processos não convencionais. A informação torna-se um dogma que prima sobre o sentido.

O porquê e o como introduzem níveis de realidade que questionam. O sentido escapa do território. Até o momento em que o buscador de sentido, o filósofo ou o poeta sejam transformados em diabos, todo buscador de sentido é um suspeito de heresia.

A questão reside na separação entre a ciência, o 'laboratório' e o sentido. Ora, os aspectos sutis e qualitativos não são nem observáveis nem constantes. Pode-se observar a atividade do cérebro quando ele pensa, age ou sonha, não se pode observar nem o pensamento em si, nem a consciência, nem as emoções. O que vem a ser 90% de nossa realidade. Reduzir o sentido e o qualitativo é caminhar com uma perna só e é também privilegiar o mecanismo do pensamento, da causalidade racional, sem considerar a complexidade do mundo vivo. Decisões envolvendo os indivíduos, a economia, a saúde, são tomadas e, quando a realidade resiste, quando o ponto de vista mecanicista desaba, o preço a pagar é exponencial, como acaba de ser constatado em relação aos ruminantes alimentados com proteínas animais. Este exemplo, entre tantos outros, introduz a idéia que muitas decisões que se esquivam da complexidade do ser vivo são tomadas com o risco de um fim total ou parcial da vida planetária.

Se os dogmas e os sistemas não datam de hoje, os dogmas modernos confirmam-se como mais ameaçadores que mil bombas atômicas. Se recusamos uma atitude fatalista ou passiva, é urgente perguntar como mudar o olhar antes que o pior engula o planeta. Talvez, em algum lugar, tenham escrito que o Ocidente tem a missão de dominar todo o planeta com sua visão mecanicista para fazer com que o céu desabe melhor sobre sua cabeça. Mas, talvez, ainda haja tempo para aprender a aprender e escapar do desastre.

9. O sentido e os sentidos

Uma escala de grandeza infinitamente grande ou pequena

tem sentido? O que não for representável no espírito humano não tem sentido. É, por exemplo, uma espantosa informação saber que o *big bang* inicial é calculado na escala de 10 elevado a -35 por segundo, ou seja, quando o universo tinha o tamanho de um milésimo de bilionésimo de bilionésimo de bilionésimo de centímetro (10 elevado a -30).

Uma dimensão muito infinitesimal é real ou virtual? Da mesma forma, uma partícula, cujo rastro fotográfico é detectado em uma câmara de Wilson, é virtual ou real? E se o conjunto da matéria existente no universo for determinado pela velocidade das partículas, o universo é real ou virtual?

É indiscutível que, se podemos com a tecnologia aumentar e refinar o mundo de nossos cinco sentidos, todas as coisas devem reintegrar o cérebro humano. Ora, sendo o que somos, a questão reside menos no inconcebível do que nas faculdades que temos de conceber. Ora, é impossível ver o que não é concebível.

Einstein inúmeras vezes evocou o 'salto conceitual' imposto pelas novas teorias ou descobertas da física. Um salto que fica maior ainda quando se trata de abordar o mundo subquântico que instaura uma visão, não das propriedades de partículas, mas a partir do universo das partículas: "Há muito tempo me convenci que não se poderá encontrar esta subestrutura por meio de uma via construtiva partindo do comportamento das coisas físicas conhecidas empiricamente, pois o salto conceitual necessário ultrapassaria as forças humanas".

Existem provavelmente seres excepcionais que têm faculdades mais desenvolvidas que outros. Mas uma mera constatação diria que não podemos ser nem melhores nem piores do que somos. Isso quer dizer que o homem possui um campo de visão, olhos abertos numa certa medida e que não poderá ir além disso? Ou seja, não podemos ver, definitivamente, senão o que nosso território mental ou conceitual permite que vejamos. A questão é: determinados nosso território, nossas faculdades mentais e nossos sentidos, a natureza exprime uma intenção, um limite cuja ultrapassagem fica implicitamente proibida?

10. Como ver de outra forma?

É possível sonhar e conceber que um dia haverá uma disciplina ensinando como ver de outra forma. Imagino que seja possível escolher um conceito ou uma palavra e, assim como aconteceu com a roda e seu encaixe no eixo, modificar os raios do olhar até que eles dêem uma volta completa. Suponhamos a escolha da palavra energia tendo em vista todos os enfoques modernos, científicos e culturais que a caracterizam, depois aquelas legadas pela China, Japão ou ilhas do Pacífico. Veríamos como os diferentes aspectos e níveis de realidade desta palavra podem variar, mas perceberíamos também como esta palavra pode assumir aspectos insuspeitos, até mesmo incompreensíveis para nós, de outras tradições. Por exemplo a palavra Qi, que quer dizer também energia em japonês, provocou uma situação terrível no Colóquio Internacional de Tsukuba, em 1984. Foi o primeiro Colóquio Oriente-Ocidente e reuniu 40 participantes. Os japoneses usavam a todo momento esta palavra Qi, que soava estranhamente ou como algo esotérico aos ouvidos dos cientistas ocidentais, a ponto de no terceiro dia pedirem a suspensão do Colóquio. Este incidente, que não teve consequências imediatas, cavou um abismo de incompreensão e de consequências que perdura até nossos dias. O que quer dizer que uma única palavra pode ser igual ao que diz o provérbio "Um único grão de areia é como mil Budas" e pode refletir o Todo.

O território do sentido não é, portanto, anódino: ele fomenta discórdias, muitas vezes ferrenhas, entre os homens. O homem sempre olhou a realidade através de diferentes perspectivas. Exceto quando se tratava de pensamentos provenientes de sabedorias e de tradições milenares possuidoras de uma estabilidade que permitia a tradução dos conceitos na vida espiritual, social, econômica e cultural. O pensamento moderno passou pelas mutações, pela aceleração do tempo, e os paradigmas ou dogmas, ou até mesmo as modas da atualidade, substituem o pensamento e são, provisoriamente, o palco de violentos confrontos. Pude percebê-lo ao longo dos vários colóquios internacionais dos quais participei. Os paradigmas são construções arbitrárias nas quais acreditamos até que desmoronem, mas, mesmo que passageiros, podem ser extremamente agressivos. O território dos paradigmas lembra muito um campo de batalha. Efetivamente, Max Planck, que sofreu muito para fazer com que, em sua época, entendessem que uma partícula era ao mesmo tempo corpúsculo e onda, se perguntava: qual é o melhor jeito de convencer um adversário? Resposta: esperar que ele morra!

A luta das idéias e dos paradigmas diz respeito apenas a nossos conceitos de realidade. A realidade pode ser concebida como um conjunto sutil e orgânico de interações do qual fazemos parte, ao passo que o real nos envolve com seu manto insondável. A ciência e a física quântica contribuem, sem dúvida, em nossos dias, com esclarecimentos apaixonantes. Temos certeza que não existe nenhum pequeno objeto fundamental. O procedimento experimental nos assegura. No entanto, há milênios, inúmeras tradições exprimiram a idéia que o universo era constituído de pura vibração, sem que nele fosse possível descobrir o menor objeto infinitesimal. É o caso, que muitas vezes se cita, do Tao na China, mas este mesmo conceito pode ser encontrado no pensamento xintoísta no Japão e na maioria das tradições xamânicas.

Recuando um pouco vemos que aquilo que faz o homem progredir não está na afirmação, mas na abertura da visão, na tolerância e principalmente na maiêutica, que cultiva a arte socrática do questionamento. Existe, entre a certeza e a incerteza, o território das variáveis onde precisamente o homem, a questão e a resposta são colocados em um mesmo processo. Podemos tomar consciência, não do real, mas do tipo de realidade fenomenológica onde estamos: em outras palavras, o fato que a cada instante nós elaboramos nossa própria realidade. A história da física quântica torna-se, por sua vez, a das variáveis veladas que modificam ou fazem com que nossas certezas dêem um salto quântico ou cósmico.

11. Imaginar o imaginário

A palavra imaginário serve, ela também, em nossos dias para que aquelas variáveis veladas apareçam, sem ser, *a priori*, provocantes. Em minha juventude, o imaginário era qualificado de 'imaginação', porque nossa educação refletia a idéia que, como a ciência trazia respostas exatas e inevitáveis, tudo o que estivesse além delas só podia ser utopia. O imaginário era, portanto, um inimigo do espírito.

Atualmente o imaginário é tolerado como criador de novos conceitos, idéias que podem materialmente nos enriquecer num piscar de olhos. Mas, quem nos seguiria se definíssemos a realidade como um imaginário criador que oferece um campo infinito de Possibilidades? Um campo que podemos percorrer como um jogo com casas perigosas onde podemos a cada instante cair na armadilha. Estas casas poderiam ser chamadas de identificação, inflexibilidade mental, paradigma, etc. Aquele que previu as armadilhas chega ao fim do percurso são e salvo. A recompensa? Um novo jogo do imaginário ainda mais complexo.

O cosmo possui um imaginário tão infinito e desconcertante que, em troca, nos torna conscientes dos limites de nosso próprio imaginário. O desafio cósmico é cheio de humor: ele dá ao homem a aparência de um universo material e coerente, como um belo palácio que não tem nenhum alicerce. Ocupar o palácio é assumir o risco de vê-lo desabar em cima de si mesmo. Os antigos sábios avaliavam o grau de entropia que reside em toda ação. Eles ensinavam a ver de longe, a manter distância, a deixar o campo vibratório das forças se decantar, portanto, a evitar toda ação precipitada, admitindo a possibilidade de agir com extrema rapidez na hora certa. O cosmo é incognocível mas paradoxal. Ele é ao mesmo tempo ordem, caos e aleatório, associando o contínuo e o descontínuo. O imaginário situa-se entre estes dois aspectos, como a articulação vibratória que liga os mundos.

O imaginário é a asa que surge quando a causalidade demasiadamente opressora da dogmática mental tenta impor uma realidade dirigista. É um espaço onde a poesia, a criatividade, a expansão interior assumem seus direitos. Quando o imaginário se deixa penetrar pela inspiração, ele se transforma em visão. É o exemplo de Turner, dominado pela beleza da luz, em que a pincelada de cor vibra também como uma luz. Existe um estado de percepção, de fusão sutil entre o estado vibratório da luz e a vibração do ser que se traduz sobre a tela. É também a atitude dos antigos pintores chineses que podiam contemplar uma paisagem durante dias e reproduzi-la em seu atelier. Como se o imaginário derradeiro recriando a paisagem refletisse a essência pura da paisagem, reimaginada no interior de si mesmo. Assim, o imaginário reveste o espaço interno do ser e, depois de ter sido aquele joguete das circunstâncias que abre todas as possibilidade, faz experimentar a harmonia sutil da pura unidade.

12. Os novos conceitos que mudaram o século

Da famosa 'Declaração de Veneza' que foi a base da Transdisciplinaridade, em 1986, gostaria de reter esta frase: "O estudo simultâneo da natureza e do imaginário, do universo e do homem, poderia assim nos aproximar mais do real e permitir que enfrentemos melhor os diferentes desafios de nossa época".

Frase que também poderia ser "Os desafios de nossa época se medem pelas capacidades que nosso imaginário poderá colocar em ação para associar o universo e o homem".

A física quântica abriu um imaginário inconcebível, sem precedente, na história da ciência. Quando Max Planck descobriu em 1900 que a partícula é, ao mesmo tempo, corpúsculo e onda, esta realidade com dois lados o perturbou. O mesmo se deu com Einstein, posto diante das perspectivas fantásticas que decorriam do famoso 'Paradoxo de Einstein, Podolsky, Rosenberg' ("dois sistemas que interagiram ou que vão interagir, não são separáveis, mesmo que entre eles não exista nenhuma conexão presente"). Mas, como conceber que uma informação possa instantaneamente se transmitir no espaço-tempo, se nenhum observador vem perturbar a observação? Como imaginar que uma informação possa ir do passado ao futuro e do futuro para o passado? Nos anos 30, quando o espírito positivista dominava, o imaginário dos físicos não podia conceber que todas as leis da física clássica pudessem ser violadas a tal ponto. Já em 1935, Schrödinger dizia que aceitar o Paradoxo era 'magia'. De forma que em 1949, o próprio Einstein retrocedeu e refutou sua teoria.

Em 1958, Louis de Broglie, voltou à carga denunciando

sua incompatibilidade com o espaço-tempo. Em suma, todos os grandes homens de ciência se uniram para colocar o paradoxo inoportuno na geladeira. Ele vinha perturbar toda a racionalidade de um mundo lógico observável e quantificável, abrindo o território de um imaginário fantástico demais para admiti-lo. Será preciso esperar 1983, para que um físico, Alain Aspect, prove pela experimentação que Einstein estava certo: a não-separabilidade está confirmada. "Se minhas teorias sobre o universo estiverem certas, dizia Einstein, as pessoas precisarão de faculdades com quatro dimensões para viver neste universo."

E poderíamos multiplicar os exemplos. O nível subquântico continua apresentando surpresas para os físicos. Citemos a teoria do Bootstrap do físico americano J. F. Chew, de onde surgiu o conceito de autoconsistência cósmica: o fato que a cada bilionésimo de segundo cada partícula no universo existe levando em consideração a existência de todas as outras partículas ao mesmo tempo.

Questão: As partículas são uma forma de 'pensamento cósmico'?

A física subquântica inaugura outros imaginários insondáveis que poderiam ser objeto de longas exposições.

Convém lembrar outros níveis de realidade: a realidade implícita e explícita de David Bohm, semelhante ao *bootstrap*, pois existe coerência entre as energias ou as ressonâncias, entre o invisível (implicado) e o visível. Não se pode, efetivamente, estudar o que quer que seja, por exemplo, a adaptação ou o desaparecimento das espécies, sem considerar estes dois fatores. A lógica das aparências vem sempre recoberta por fatores imprevisíveis em que, como tão bem explica o neurobiologista americano Karl Pribrani: o Todo é diferente das partes.

Karl Pribrani descobriu a estrutura holográfica do neurônio. Cada neurônio contém também a informação do Todo. O que explica porque, mesmo com uma parte amputada, o cérebro pode parcialmente se readaptar. Isso quer dizer que, no que diz respeito ao neurônio ou à célula, o território local é sempre responsável, para o melhor ou para o pior, pelo Todo do organismo. Por isso, cada caso é, definitivamente, sempre único.

13. Ciência e tradição

O Ocidente, ainda determinista e causal, está longe de ter integrado uma visão holística do real em que a análise objetiva integre plenamente os níveis mais subjetivos ou misteriosos do ser. O que faz mais espontaneamente a cultura oriental, que continuou holística desde suas origens xamânicas nas quais o homem não estava separado da natureza e desenvolveu uma sensibilidade e uma inteligência muitas vezes admiravelmente adaptadas à inteligência e ao imaginário das energias naturais.

A autoconsistência do cosmo significa que nada está separado no universo e que cada ser, cada átomo faz parte desta unidade misteriosa. Procuramos muitas vezes um território que ligue ciência e Tradições, Oriente e Ocidente, passado e presente e que seja também um território do futuro, aquele da Grande Mutação, que em 1995, a 'Mensagem de Tóquio' lembrava, quando falava de uma era de luzes. Esta visão da unidade cósmica criadora é a pedra angular que une melhor e vai além de todo conceito ou paradigma. Einstein, que tinha uma clara consciência disso, dizia: "Um ser humano é uma parte do todo que chamamos 'Universo', uma parte limitada pelo espaço e pelo tempo. Ele mesmo observa seus pensamentos e seus sentimentos como algo separado do resto – uma espécie de ilusão de ótica da consciência."

O homem e o universo resumindo-se numa só coisa: uma declaração aprovada doravante pelos maiores nomes da física e que efetivamente une ciência e tradição, Oriente e Ocidente. As bases de um novo território, fonte de uma futura união do pensamento planetário, são erguidas.

Um obstáculo considerável permanece quanto aos fatos: a particularidade da ciência é querer observar os fatos, sem tentar, obrigatoriamente, lhes dar sentido. Um fato observável e constante é científico, o sentido variável e aleatório não é, portanto, nem observável, nem científico. Terrível dicotomia igual àquela de um espírito mecanicista que separa o real do sentido. Esta separação tão desintegradora quanto uma bomba atômica é o maior choque dos tempos modernos.

Durante milênios o homem viveu com a árvore do sentido.

Existia um *continuum* absoluto entre o Céu e a Terra. Todos os seus atos, gestos e pensamentos, sua relação com o visível e o invisível tinham um sentido, uma coerência, um valor sagrado. A perda do sentido, a dessacralização, a ruptura entre o Céu e a Terra, entre o homem e o cosmo, faz do homem moderno um ser desintegrado, sem parâmetros, sem unidade. Um 'homem fragmentado', dizia o sociólogo Georges Friedman.

Isso nos leva a falar outra vez do Colóquio Internacional de Veneza de 1986, que pela primeira vez tinha exatamente escolhido como tema 'Ciências e Tradições'. O assunto era então, revolucionário. Eu manteria esta frase da 'Declaração de Veneza': "O encontro inesperado e enriquecedor da ciência e das diferentes tradições do mundo nos permite pensar no surgimento de uma nova visão da humanidade".

A expressão 'uma nova visão da humanidade' introduz uma espécie de sonho. Imaginemos que um dia os homens parem de ter idéias a respeito da natureza e tentem realmente entender a inteligência da natureza. Imaginemos que já não exista Oriente nem Ocidente mas um único planeta do sentido. Imaginemos encontrar seres suficientemente apaixonados e competentes para procurar o sentido exatamente onde ele esteja, na ciência, nas tradições milenares, nas antigas sabedorias. Temo que este sonho ainda seja acessível apenas a uma pequena minoria.

Gostaria de dar um exemplo a respeito do Japão. Um professor e escritor japonês, Tadao Umesao, costumava dizer que os japoneses eram tão difíceis de entender como os marcianos. E inúmeras vezes, durante as várias viagens que fiz ao Japão, pude ver como ele tinha razão. Tinha exatamente feito um filme sobre a religião xintó do Japão. Se abrirmos um dicionário, a definição do xintó é: religião animista. Mas se tentarmos entender o xintó, podemos descobrir uma extraordinária inteligência da natureza e das energias cósmicas. O que faz do xintó uma religião sempre moderna, mas inexportável, porque um ocidental não está nem um pouco preparado para entender sua riqueza e complexidade. E como o território do sentido é tão diferente, é preciso um tempo de adaptação.

O que significa que, no que concerne à tradição, a busca do sentido é árdua se não quisermos nos deixar levar pelas aparências e por nossos códigos culturais de adaptação e de tradução. Se, por exemplo, escolho a palavra Kami, que teoricamente deveria ser traduzida por deus ou espírito, eu adapto, na verdade a palavra Kami à nossa cultura. Se tentar realmente defini-la, precisaríamos de muitas páginas para fazê-lo e precisaríamos ainda recorrer a vários graus e níveis de conhecimento. Por isso nunca nenhum japonês se arriscou a explicá-la.

E este exemplo é válido para muitas outras tradições. O que significa que o território do sentido é, apesar das aparências, de uma complexidade extraordinária. De mais a mais, qualquer tentativa de forçar a compreensão do sentido, criará um absurdo e a ilusão de se ter entendido. Henri Corbin e Mircea Eliade, a quem coloquei esta dificuldade, tinham a mesma opinião. E ouvindo J. E. Chew tentar fazer-me entender o que é um 'acontecimento discreto' em física, sou forçado a reconhecer que, mesmo em física quântica, o território do sentido é protegido por mil dragões.

Devemos, então, perder a esperança de uma nova visão da humanidade como a queriam os pensadores dos Colóquios de Veneza ou de Tóquio? Creio que este futuro território do sentido, o da união entre ciência e Tradições, entre Oriente e Ocidente é uma idéia, uma força em movimento, visto que muitos cientistas, filósofos, artistas e poetas manifestaram inúmeras vezes esta aspiração, ao longo deste último meio século. Existe um imenso trabalho a ser feito. O planeta precisa viver, não morrer, e com esta consciência, com esta visão unitária que reintegra o homem ao sentido e à unidade visível e invisível, reside uma energia cósmica que é uma razão de se ter esperança.

Precisamos também construir novas ciências, entre as quais aquela de 'aprender a aprender', que consiste em desenvolver serenamente a paisagem do sentido. Aquela da escuta que integra, na vida cotidiana, os tesouros do sutil, os aspectos quânticos e vibratórios do ser vivo. "Um homem espiritual – me dizia um grande mestre do xintó, Yamakague – é, entre nós, aquele que tem uma influência profunda sobre a realidade."

Conferência proferida no II Encontro Catalisador do CETRANS da Escola do Futuro da USP, realizado no Guarujá, São Paulo, de 8 a 11 de junho de 2000

Basarab Nicolescu - Físico teórico do Centro Nacional de Pesquisa Científica da França (C.N.R.S.). Fundador e Presidente do Centro Internacional de Pesquisas e Estudos Transdisciplinares (CIRET). Autor de várias obras fundadoras do pensamento transdisciplinar, entre as quais: *O Manifesto da Transdisciplinaridade*, 2ª ed., São Paulo, Ed. Triom, 2001; *Ciência, Sentido e Evolução*, São Paulo, Ed. Attar, 1998; *Nous, la particule et le monde*, Paris, ed. Le Mail, 1985.

Fundamentos Metodológicos para o Estudo Transcultural e Transreligioso

1. Introdução:

Em minha palestra do ano passado[1], analisei a metodologia da transdisciplinaridade, que foi expressa mediante três postulados[2]:

1. Há, na Natureza e no nosso conhecimento da Natureza, diferentes níveis de Realidade e, correspondentemente, diferentes níveis de percepção.

2. A passagem de um nível de Realidade para outro é assegurada pela lógica do terceiro incluído.

3. A estrutura da totalidade dos níveis de Realidade ou percepção é uma estrutura complexa: cada nível é o que é porque todos os níveis existem ao mesmo tempo.

No ano passado descrevi as bases históricas destes três postulados. Os dois primeiros tiram sua evidência experimental da física quântica, enquanto o último tem sua fundamentação não só no campo da física quântica, mas também em uma variedade de ciências exatas e humanas.

É interessante notar que os três postulados da transdisciplinaridade são o equivalente dos três postulados da física moderna como formulados por Galileu Galilei:

1. Há leis universais, de caráter matemático.

---

[1] Basarab Nicolescu, *Um Novo Tipo de Conhecimento – Transdisciplinaridade*, em *Educação e Transdisciplinaridade*, Brasília, UNESCO, 2000, e em http://www.cetrans.futuro. usp.br/palestra_basarab.htm

[2] Basarab Nicolescu, *La Transdisciplinarité, Manifeste*, Le Rocher, Monaco, coll. 'Transdisciplinarité', 1996; (*O Manifesto da Transdisciplinaridade*, Ed. Triom, São Paulo, 2ª edição, 2001).

2. *Essas leis podem ser descobertas por experimentos científicos.*

3. *Esses experimentos podem ser perfeitamente repetidos.*

No caso da ciência moderna, a universalidade diz respeito às leis da física e, na transdisciplinaridade, diz respeito aos níveis de Realidade. Contudo, a linguagem é diferente: matemática, no caso da ciência moderna, e um novo tipo de linguagem, de natureza simbólica, no caso da transdisciplinaridade.

As leis da física são descobertas através de experimentos que dizem respeito apenas ao Objeto, enquanto nos níveis de Realidade são descobertos através de experimentos envolvendo tanto o Sujeito quanto o Objeto. A lógica da ciência moderna é principalmente binária, enquanto a lógica da transdisciplinaridade é ternária.

A reprodutibilidade se aplica em ambos os casos.

É importante notar que é possível assumir a validade dos três postulados da transdisciplinaridade independentemente de suas raízes históricas em algumas áreas da ciência moderna. Em outras palavras, a transdisciplinaridade não se apoia apenas numa transferência a partir da ciência moderna: isto seria um procedimento epistemológico e filosoficamente errado. Mediante seus aspectos mais gerais, a ciência moderna permitiu que os três postulados da transdisciplinaridade fossem identificados, mas, uma vez que foram formulados, eles têm uma validade muito mais ampla do que na própria ciência moderna. Este é precisamente o ponto de vista adotado nesta conferência, na qual tento analisar como os postulados da transdisciplinaridade podem nos conduzir a uma fundamentação metodológica para o estudo transcultural e transreligioso.

O presente estudo é um trabalho ainda em andamento, exposto pela primeira vez aqui, no encontro do CETRANS, com a finalidade de estimular os debates e a pesquisa.

2. A abordagem transdisciplinar da Natureza e do conhecimento

A abordagem transdisciplinar da Natureza e do conhecimento pode ser descrita pelo diagrama mostrado na Figura 1.

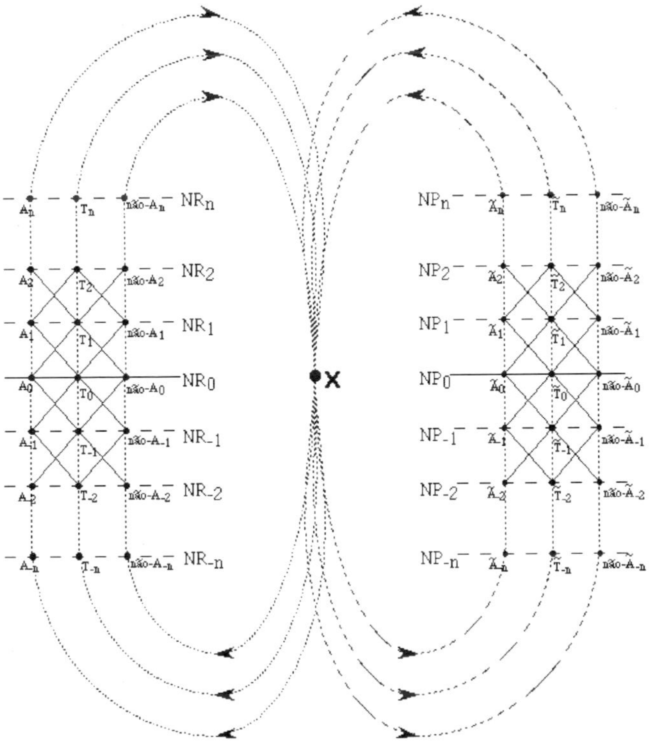

Figura 1: O Objeto transdisciplinar: o Sujeito transdisciplinar e o termo de interação.

Na parte esquerda estão desenhados, simbolicamente, os níveis de Realidade:

$$\{ NR_n, \ldots , NR_2, NR_1, NR_0, NR_{-1}, NR_{-2}, \ldots , NR_{-n} \}$$

O índice **n** pode ser finito ou infinito

Aqui, o significado que damos para a palavra 'realidade' é, ao mesmo tempo, pragmática e ontológica.

Entendemos por 'Realidade' (com R maiúsculo) primeiramente aquilo que resiste às nossas experiências, representações, descrições, imagens e mesmo às formulações matemáticas.

Considerando que a Natureza participa no ser do mundo, temos que dar uma dimensão ontológica ao conceito de Realidade. Realidade não é uma mera construção social, o consenso de uma coletividade ou algum acordo intersubjetivo. Também tem uma dimensão trans-subjetiva. Exemplo: dados experimentais podem arruinar a mais bela teoria científica.

Claro que temos de distinguir as palavras 'Real' e 'Realidade'. Real designa aquilo que é, enquanto *Realidade* diz respeito à resistência na nossa experiência humana. Por definição, o 'Real' está velado para sempre; enquanto a 'Realidade' é acessível ao nosso conhecimento.

Por 'nível de Realidade' – noção que introduzi pela primeira vez em minha obra *Nous, la particule et le monde*[3] e depois desenvolvi em vários artigos[4] – designo um conjunto de sistemas que são invariáveis sob certas leis: por exemplo, as entidades quânticas estão subordinadas às leis quânticas, que são radicalmente diferentes das leis do mundo físico. Isto é, dois níveis de Realidade são diferentes quando, ao se passar de um para o outro, há uma quebra nas leis e uma quebra nos conceitos fundamentais (como, por exemplo, a causalidade).

Os níveis de Realidade são radicalmente distintos dos níveis de organização como estes foram definidos nas abordagens sistêmicas. Os níveis de organização não pressupõem uma quebra dos conceitos fundamentais: vários níveis de organização podem aparecer em um único nível de Realidade. Os níveis

---

[3] Basarab Nicolescu, *Nous, la particule et le monde*, Paris, Le Mail, 1985.

[4] Basarab Nicolescu, *Levels of Complexity and Levels of Reality*, em "The Emergence of Complexity in Mathematics, Physics, Chemistry, and Biology", Atas das Sessão Plenária da Academia Pontifícia de Ciências, 27-31 de outubro de 1992, Casina Pio IV, Vaticano, Ed. Pontifícia Academia Scientiarum, Cidade do Vaticano, 1996 (distribuído por Princeton University Press); Basarab Nicolescu, *Gödelian Aspects of Nature and Knowledge*, em 'Systems' – New Paradigms for the Human Sciences", Walter de Gruyter, Berlin-New York, Ed. Gabriel Altmann and Wlater A. Koch, 1998 (Aspectos gödelianos da natureza e do conhecimento, em www.cetrans. futuro.usp.br); Michel Camus, Thierry Magnin, Basarab Nicolescu and Karen-Claire Voss, *Levels of Representation and Levels of Representations and Levels of Reality: Towards an Ontology of Science*, em *The Concept of Nature in Science and Theology (part II)*, Genève, Labor et Fides, 1998, pp. 94-103; Basarab Nicolescu, *Hylemorphism, Quantum Physics and Levels of Reality*, em *Aristole and Contemporary Science*, Vol. I, New York, Peter Lang, 2000, pp. 173-184.

de organização correspondem a diferentes estruturas das mesmas leis fundamentais. Por exemplo, a economia marxista e a física clássica pertencem ao mesmo nível de Realidade.

O surgimento de no mínimo três diferentes níveis de Realidade no estudo dos sistemas naturais – o nível macrofísico, o nível microfísico e o espaço-tempo cibernético – é um evento maior na historia do conhecimento. Isso pode nos levar a reconsiderar nossa vida individual e social, a dar uma nova interpretação ao conhecimento antigo, a explorar o conhecimento de nós mesmos de maneira diferente, aqui e agora.

A existência de diferentes níveis de Realidade tem sido afirmada por diferentes tradições e civilizações, porém essa afirmação estava fundamentada no dogma religioso ou na exploração do nosso universo interior.

No nosso século, num esforço para questionar os fundamentos da ciência, Edmund Husserl[5] e outros estudiosos detectaram a existência de diferentes níveis de percepção da Realidade a partir do sujeito-observador. Contudo, esses pensadores foram marginalizados pelos filósofos acadêmicos e mal compreendidos pelos físicos, com cada área tendo sido apreendida na sua respectiva especialização. Na verdade, esses novos pensadores foram pioneiros na exploração de uma realidade multidimensional e multirreferencial, na qual o ser humano é capaz de recuperar seu lugar e sua verticalidade.

A perspectiva que estou apresentando aqui está totalmente de acordo com aquela dos fundadores da mecânica quântica: Werner Heisenberg, Wolfgang Pauli e Niels Bohr.

Na verdade, Werner Heisenberg chegou muito perto, em seus escritos filosóficos, do conceito de 'nível de Realidade'. Em seu famoso *Manuscript of the year 1942* (publicado somente em 1984) Heisenberg, que conhecia bem Husserl, introduz a idéia de três *regiões de realidade*, capaz de dar acesso ao próprio conceito de 'realidade': a primeira região é aquela da física clássica; a segunda, da física quântica, da biológica e dos fenômenos psíquicos; e a terceira, da religião e das experiências filosóficas e artísticas[6]. Essa classificação tem um fundamento sutil: a

[5] Edmund Husserl, *Méditations cartésiennes*, Paris, Vrin, 1966.
[6] Idem, ibidem.

conectividade cada vez maior entre o Sujeito e o Objeto.

O ponto de vista transdisciplinar nos permite considerar uma realidade multidimensional, estruturada por múltiplos níveis, ao invés do nível único, da realidade unidimensional do pensamento clássico

Conforme a abordagem transdisciplinar, a Realidade é estruturada em diferentes níveis. E o fato de o número deles ser finito ou infinito não é uma questão fundamental para as considerações que farei a seguir. Para a clareza da exposição, suponhamos que esse número seja infinito (ou seja, tomamos $\mathbf{n} \rightarrow \infty$ na Figura 1).

Dois níveis adjacentes na Fig. 1 (digamos, NR_0 e NR_1) estão conectados pela lógica do terceiro incluído, uma lógica nova se comparada à lógica clássica.

A lógica clássica está fundamentada em três axiomas:

1. O axioma da identidade: A é A.

2. O axioma da não-contradição: A não é não-A.

3. O axioma do terceiro excluído: não existe um terceiro termo T ('T' de 'terceiro') que é ao mesmo tempo A e não-A.

Como expliquei no ano passado, chega-se imediatamente à conclusão de que os pares de contraditórios mostrados pela física quântica são mutuamente exclusivos, pois ninguém pode afirmar a validade de uma asserção e de seu oposto ao mesmo tempo: A e não-A.

A maior parte das lógicas quânticas[7] modificou o segundo axioma da lógica clássica – o axioma da não-contradição – introduzindo a não-contradição com vários valores de verdade no lugar do par binário (A e não-A). A história dará crédito a Stéphane Lupasco (1900-1988) por ter mostrado que a lógica do terceiro incluído é uma lógica verdadeira, formalizável e formalizada, polivalente (com três valores: A, não-A e T) e não contraditória[8].

Nossa compreensão do axioma do terceiro incluído – exis-

---

[7] T. A. Brody, *On Quantum Logic*, em *Foundation of Physics*, vol. 15 nº 5, 1984, pp. 409-430.

[8] Stéphane Lupasco, *Le Principe d'antagonisme et la logique de l'énergie*, Le Rocher, Paris, 1987 (2ª edição), prefácio de Basarab Nicolescu; *Stéphane Lupasco – L'homme et l'oeuvre*, coll. "Transdisciplinarité", Le Rocher, Mônaco, 1999 (*Stéphane Lupasco – O Homem e a Obra*, Ed. Triom, São Paulo, 2001).

te um terceiro termo que é ao mesmo tempo A e não-A – é completamente clareada quando a noção de 'níveis de Realidade' é introduzida.

Para podermos obter uma imagem clara do significado do terceiro incluído, representamos na Fig. 2 os três termos da nova lógica – A, não-A e T – e representamos a dinâmica associada a eles por um triângulo no qual um vértice está situado em um nível de Realidade e os dois outros em outro nível de Realidade. O *meio incluído* é de fato um terceiro incluído. Se permanecemos em um único nível de Realidade, toda a manifestação parece uma luta entre dois elementos contraditórios. A terceira dinâmica, aquela do estado-T, é exercida em um outro nível de Realidade, onde aquilo que percebemos como desunido está de fato unido e aquilo que parece contraditório é percebido como não contraditório.

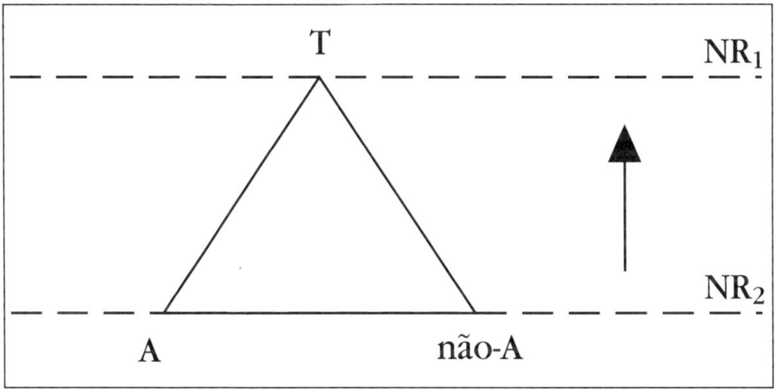

Figura 2: Representação simbólica da ação da lógica do 3º incluído

É a projeção do estado-T num mesmo nível de Realidade que produz a aparência de pares antagônicos mutuamente exclusivos (A e não-A). Um mesmo nível de Realidade só pode produzir oposições antagônicas. Isso é inerentemente autodestrutivo se for completamente separado de todos os outros níveis de Realidade. Um terceiro termo situado no mesmo nível de Realidade que os opostos A e não-A, não pode efetuar sua reconciliação.

O estado-T_1 presente no nível NR_1 (ver Fig. 1) está conectado a um par de contraditórios (A_0 e não-A_0) num nível imediatamente adjacente. O estado-T_1 permite a unificação dos contraditórios A_0 e não-A_0, mas essa unificação ocorre num nível diferente do NR_0 no qual A_0 e não-A_0 estão situados. Com isso, o axioma da não-contradição é respeitado.

Certamente há uma coerência entre os diferentes níveis de Realidade, ao menos no mundo natural. Na verdade, parece que uma imensa autoconsistência – um *bootstrap* cósmico – governa a evolução do universo, do infinitamente pequeno até o infinitamente grande, do infinitamente breve ao infinitamente longo. Um fluxo de informações é transmitido de forma coerente de um nível de Realidade ao outro em nosso universo físico.

A lógica do terceiro incluído é capaz de descrever esta coerência entre esses níveis de Realidade, através de um processo interativo definido pelos seguintes estágios: (1) um par de contraditórios (A_0, não-A_0) situados em um certo nível NR_0 da Realidade é unificado por um estado-T_1 num nível contíguo NR_1 da Realidade; (2) esse estado-T_1 está ligado, por sua vez, a um par de contraditórios (A_1, não-A_1) situados em seu próprio nível; (3) este par de contraditórios (A_0, não-A_0) é, por sua vez, unificado por um estado-T_2 situado num terceiro nível de Realidade NR_2 imediatamente contíguo ao nível NR_1 no qual o ternário (A_1, não-A_1, T_1) se encontra. O processo interativo continua assim indefinidamente até que todos os níveis de Realidade, conhecidos ou concebíveis, sejam esgotados.

Em outras palavras, a ação da lógica do terceiro incluído nos diferentes níveis de Realidade induz a uma estrutura aberta da unidade dos níveis de Realidade. Essa estrutura tem consequências consideráveis para a teoria do conhecimento, pois implica na impossibilidade de uma teoria completa e auto-referente.

Com efeito, de acordo com o axioma da não-contradição, o estado-T_1 realiza a unificação de um par de contraditórios (A_0 e não-A_0), mas está associado, ao mesmo tempo, a um outro par de contraditórios (A_1 e não-A_1). Isto significa que, se começarmos com um certo número de pares mutuamente exclusivos, podemos construir uma teoria nova que elimina as contradições num certo nível de Realidade, mas essa teoria sem contradições é temporária, pois conduz inevitavelmente, sob a pressão conjunta da teoria e da experiência, à descoberta de novos pares de contraditórios, situados em novos níveis de Realidade. Por sua vez, esta teoria seria substituída por outras mais unificadas à medida que novos níveis de Realidade fossem descobertos. Esse processo continuaria indefinidamente sem nunca chegar a uma teoria completamente unificada. O axioma da não contradição é reforçado durante esse processo. Nesse sentido, sem nunca chegarmos a uma absoluta não contradição, podemos falar de uma evolução do conhecimento que abarcaria todos os níveis de Realidade, num conhecimento para sempre *aberto*.

Na esfera dos níveis de Realidade *per se*, o que está em cima é igual ao que está embaixo. A matéria mais fina penetra a matéria mais densa, assim como a matéria quântica penetra a matéria macrofísica, porem o inverso não é verdadeiro. *Graus de materialidade* induzem a orientação de uma flecha traçando a transmissão de informação de um nível ao outro. Nesse sentido, o que está embaixo não é o mesmo que está em cima, as palavras 'em cima' e 'embaixo' não têm aqui outro sentido (espacial ou moral) do que aquele que é topologicamente associado com o fluxo de transmissão de informação. Por sua vez, as flechas de orientação da Fig. 1 estão associadas com a descoberta cada vez mais unificadora de leis gerais.

A estrutura aberta da unidade dos níveis de Realidade está de acordo com um dos resultados científicos mais importantes do sec. XX no que diz respeito à aritmética, o teorema de Kurt Gödel[9], que estabelece que um sistema suficientemente rico de axiomas conduz inevitavelmente a resultados indecidíveis ou contraditórios. As implicações do teorema de Gödel têm uma importância considerável para todas as teorias de conhecimento, porque não diz respeito apenas ao campo da aritmética, mas a todas as matemáticas, incluindo a aritmética.

A estrutura godeliana da unidade dos níveis de Realidade, associada com a lógica do terceiro incluído, implica numa impossibilidade de construirmos uma teoria completa para des-

[9] Ver, por exemplo, Ernest Nagel and James R. Newman, *Gödel's Proof*, New York University Press, New York, 1958; Hao Wang, *A Logical Journey – From Gödel to Philosophy*, Cambridge, MIT Press, Massachusetts-London, England, 1996.

crever a passagem de um nível para o outro e, *a fortiori*, para descrever a unidade dos níveis de Realidade.

Se tal unidade existe, este elo entre todos os níveis de Realidade deverá ser necessariamente uma unidade aberta.

Para termos certeza, há uma coerência da unidade dos níveis de Realidade, mas esta coerência está orientada numa certa direção: como já dissemos anteriormente, existe uma flecha associada à transmissão de qualquer informação de um nível ao outro. Consequentemente, se a coerência for limitada apenas a certos níveis de Realidade, ela se interrompe tanto no nível mais 'alto' quanto no mais 'baixo'. Se quisermos sugerir a idéia de uma coerência que continue para além destes dois níveis limítrofes, de modo que haja uma unidade aberta, temos de conceber a unidade dos níveis de Realidade como uma unidade que se estende a uma zona de *não resistência* às nossas experiências, representações, descrições, imagens e formulações matemáticas. Essa zona de não resistência corresponde ao 'véu' ao qual Bernard d'Espagnant se referiu como sendo 'o véu do Real'.[10] Tanto o nível mais 'alto' quanto o mais 'baixo' da totalidade dos níveis de Realidade estão unidos por uma zona de transparência absoluta. Porém, esses dois níveis são diferentes e, portanto, do ponto de vista de nossas experiências, representações, descrições, imagens e formulações matemáticas, a transparência absoluta funciona como um véu. De fato, a unidade aberta do mundo implica que aquilo que está 'embaixo' é o mesmo que o que está 'em cima'. As correspondências entre 'em cima' e 'embaixo' são estabelecida pela zona de não resistência. *Nessa zona não há níveis de Realidade.*

A não resistência dessa zona de transparência absoluta é devida, simplesmente, às limitações dos nossos corpos e dos nossos órgãos sensoriais – limitações que se aplicam indiferentemente das ferramentas de medição que utilizamos para estender esses órgãos sensoriais. A zona de não resistência corresponde ao sagrado – *àquilo que não se submete a nenhuma racionalização.*

É importante notar que os três *loops* de coerência da Fig. 1 não estão situados apenas na zona em que os níveis de

[10] Bernard d'Espagnat, Le Réel voilé – Analyse des concepts quantiques, Paris, Fayard, 1994.

Realidade estão ausentes, mas também entre os níveis de Realidade: a zona de não resistência do sagrado penetra e cruza os níveis de Realidade. Em ouras palavras, a abordagem transdisciplinar da Natureza e do conhecimento oferece uma ligação entre o *Real e a Realidade.*

A unidade dos níveis de Realidade e sua zona complementar de não resistência constituem o que chamamos de *Objeto transdisciplinar.*

Um novo *Princípio de Relatividade* emerge da coexistência entre a pluralidade complexa e a unidade aberta: *nenhum nível de Realidade é um lugar privilegiado a partir do qual se possa compreender todos os outros níveis de Realidade.* Um nível de Realidade é o que é porque todos os outros níveis existem ao mesmo tempo. Esse princípio de Relatividade é o que origina uma nova perspectiva na religião, na política, na arte, na educação e na vida social. E quando a nossa perspectiva sobre o mundo muda, o mundo muda. Na visão transdisciplinar, a Realidade não é só multidimensional, é também multirreferencial.

Os diferentes níveis de Realidade são acessíveis ao conhecimento humano graças à existência de diferentes níveis de percepção, descritos diagramaticamente à direita da Fig. 1. Eles se encontram em uma relação de correspondência com os níveis de Realidade. Estes níveis de percepção:

$$\{ NP_n, \ldots , NP_2, NP_1, NP_0, NP_{-1}, NP_{-2}, \ldots , NP_{-n} \}$$

permitem uma visão cada vez mais geral e unificadora da Realidade, sem jamais esgotá-la inteiramente.

Como no caso dos níveis de Realidade, a coerência dos níveis de percepção pressupõe uma zona de não resistência à percepção. *Nessa zona não há níveis de percepção.*

A unidade dos níveis de percepção e sua zona complementar de não resistência constituem o que chamamos de *Sujeito transdisciplinar.*

Para que o Sujeito e Objeto transdisciplinares se comuniquem, as zonas de não resistência de ambos deverão ser idênticas. O fluxo de consciência que passa coerentemente através dos diferentes níveis de percepção deve corresponder ao fluxo de informações que atravessa coerentemente os diferentes níveis de Realidade. Os dois fluxos estão interligados porque compartilham a mesma zona de não resistência.

O Conhecimento não é nem exterior nem interior: é simultaneamente exterior e interior. Os estudos do universo e do ser humano se sustentam um ao outro. A zona de não resistência tem o papel do terceiro secretamente incluído que permite a unificação do Sujeito transdisciplinar e do Objeto transdisciplinar, preservando, ao mesmo tempo, sua diferença.

A unidade aberta entre o Objeto e Sujeito transdisciplinar é dada pela orientação coerente do fluxo de informação, descrito pelos três *loops* orientados da Fig. 1, que atravessam os níveis de Realidade, e pelo fluxo de consciência, descrito pelos três *loops* orientados que atravessam os níveis de percepção.

Esta orientação coerente dá um sentido novo e mais profundo ao fato simples da verticalidade humana no mundo. Ao invés da verticalidade humana individual regida pela lei universal da gravidade, o ponto-de-vista transdisciplinar propõe uma verticalidade consciente e cósmica, atravessando os diferentes níveis de Realidade e de percepção. Na visão transdisciplinar, é essa verticalidade cósmica que constitui a base de qualquer projeto social viável.

Os arcos de informação e consciência têm de se encontrar ao menos num ponto **X**, a fim de assegurar a transmissão coerente de informação e consciência por toda parte das regiões visíveis e invisíveis do Universo. De certo modo, o ponto **X** é a fonte de toda Realidade e percepção. O ponto **X** e os *loops* de informação e consciência que lhe estão associados descrevem o terceiro termo do conhecimento transdisciplinar: *o termo de Interação entre o Sujeito e Objeto, que não pode ser reduzido nem ao Sujeito nem ao Objeto.*

Esta divisão ternária {Sujeito, Objeto, Interação} difere radicalmente da divisão binária {Sujeito, Objeto} que define a metafísica moderna. A transdisciplinaridade estabelece uma ruptura profunda com a metafísica moderna. É graças a essa ruptura que a transdisciplinaridade é capaz de oferecer uma base metodológica para a transcultura e para a transreligião.

O problema Sujeito/Objeto foi central para os 'pais fundadores' da mecânica quântica. Pauli[11], Heisenberg e Bohr, assim como Husserl, Heidegger e Cassirer, refutaram o axioma básico da metafísica moderna: a distinção clara entre Sujeito e Objeto. Nossas considerações aqui se inscrevem na mesma estrutura.

3. Disciplinas acadêmicas, culturas e religiões

As disciplinas acadêmicas estudam fragmentos de níveis de Realidade. Há varias disciplinas associadas a um único nível de Realidade.

As disciplinas acadêmicas estão conectados exclusivamente ao Objeto, isto é, a apenas uma das três zonas descritas no diagrama da Fig. 1. Baseadas no modelo mecanicista da ciência clássica, elas correspondem a um conhecimento *in vitro*: o conhecimento disciplinar CD (vide Tabela 1). Elas são fortemente orientadas para a dominação do mundo exterior. Por definição, essas disciplinas são supostamente *neutras*, isto é, seu estudo tem de ser realizado de uma maneira independente de qualquer sistema de valores.

Porém, de acordo com o diagrama da Fig. 1, todos estes aspectos são de fato *ad hoc*, artificiais e ilusórios, pois o Objeto está sempre interagindo com o Sujeito, através do terceiro termo, o termo de Interação.

O conhecimento pleno é um novo tipo de conhecimento – o conhecimento transdisciplinar CT, que corresponde a um conhecimento *in vivo*. Esse novo conhecimento concerne à correspondência entre o mundo externo do Objeto e o mundo interno do Sujeito. O conhecimento CT é, na verdade, o *conhecimento do terceiro*. Por definição o conhecimento CT inclui um sistema de valores.

É importante ressaltar que o conhecimento disciplinar e o conhecimento transdisciplinar não são antagônicos, mas complementares. *A metodologia de ambos está fundada na atitude científica.*

---

[11] Wolfgang Pauli, *Writings on Physics and Philosophym*, Berlin-Heidelberg, Germany, Springer Verlag, 1994; K.V. Laurikainen, *Beyond th Atom – The Philosophical Thought of Wolfgang Pauli*, Berlin-Heidelberg, Germany, Springer Verlag, 1988.

CONHECIMENTO **CD**	CONHECIMENTO **CT**
in vitro	*in vivo*
Mundo externo - Objeto	Correspondência entre o mundo externo (Objeto) e o mundo interno (Sujeito)
Conhecimento	Compreensão
Inteligência analítica	Um novo tipo de inteligência – harmonia entre mente, sentimentos e corpo
Orientado para o poder e a posse	Orientado para o deslumbramento e a partilha
Lógica binária	Lógica do terceiro incluído
Exclusão de valores	Inclusão de valores

Tabela 1. Comparação entre o conhecimento disciplinar CD e conhecimento transdisciplinar CT

As considerações acima explicam, de certo modo, a afirmação paradoxal de que o conhecimento transdisciplinar é capaz de trazer uma nova visão, não apenas sobre as disciplinas acadêmicas, como também sobre as culturas e as religiões.

A diferença crucial entre as disciplinas acadêmicas de um lado e as culturas e religiões do outro, podem ser lidas no diagrama da Fig. 1. As culturas e religiões não dizem respeito apenas a fragmentos de níveis de Realidade: elas envolvem simultaneamente um nível de Realidade, um nível de percepção e fragmentos da zona de não resistência do sagrado. Em outras palavras, as culturas e religiões correspondem a uma seção horizontal bem definida do diagrama da Fig. 1.

A resistência implicada pelos níveis de Realidade está conectada com um determinado território no qual determinada cultura ou religião aparece, com os eventos históricos correspondentes pelos quais passou determinada coletividade e com a mistura de diferentes hábitos culturais e religiosos portados por essa coletividade cruzando o território determinado através dos tempos.

A resistência implicada pelos níveis de percepção está ligada a uma determinada prática espiritual e a hábitos culturais, associados a uma determinada teologia, uma determinada doutrina religiosa ou a um determinado conjunto de personalidades culturais e seus ensinamentos através dos tempos históricos.

A zona de não resistência do sagrado é, de fato, compartilhada por todas as culturas e religiões. Esse fato pode explicar porque há um desejo inextinguível de universalidade, mais escondido ou menos escondido, em qualquer cultura ou religião, apesar de elas afirmarem uma especificidade absoluta.

As polêmicas contemporâneas a respeito, por exemplo, do *status* de uma disciplina acadêmica como a história das religiões e o violento debate sobre a vida e a obra de seu fundador, Mircea Eliade, são explicadas de maneira simples através do diagrama da Fig. 1. Pede-se à história da religião duas condições mutuamente exclusivas: ser neutra, como qualquer outra disciplina acadêmica, e estudar um fenômeno não-neutro – as religiões. Em outras palavras, pede-se à história da religião que pertença exclusivamente ao lado esquerdo do diagrama da Fig. 1 e, ao mesmo tempo, que pertença ao lado direito do diagrama. É claro que isso é impossível na estrutura da metodologia e da lógica do conhecimento disciplinar. Em minha opinião, a única saída é aceitar a metodologia e a lógica da lógica transdisciplinar.

Como Eliade previu, o problema crucial é o *status* do sagrado.

4. A atitude transreligiosa e a presença do sagrado

O problema do sagrado, entendido como a presença de algo de irredutivelmente real no mundo, é inevitável para qualquer abordagem racional do conhecimento. Podemos afirmar ou negar a presença do sagrado no mundo e em nós, mas para a elaboração de um discurso coerente sobre a Realidade, é obrigatório fazer referência a ele.

O sagrado é aquilo que conecta. O sagrado *liga*, como indica a raiz etimológica da palavra 'religião' (*religare* – 'tornar a ligar'), porém essa habilidade não é atributo de uma religião. Mircea Eliade disse numa entrevista: *"O sagrado não implica na crença em Deus, em deuses ou em espíritos. É... a experiência da realidade e a fonte da consciência de existir no mundo."*[12] O sagrado é, antes de mais nada, uma experiência que é transmitida por um sentimento – o sentimento 'religioso' – do que liga seres e coisas e, consequentemente, induz, no mais profundo do ser humano, a um absoluto respeito para com os outros aos quais ele está ligado por partilhar uma vida em comum na mesma Terra.

A abolição do sagrado levou à abominação de Auschwitz e aos 25 milhões de mortos do stalinismo. O respeito absoluto pelos outros foi substituído por uma pseudo sacralização de uma raça ou de um novo homem, encarnados por ditadores elevados ao posto de divindades.

A origem do totalitarismo está fundamentada na abolição do sagrado. Enquanto experiência do real irredutível, o sagrado é realmente, como disse Eliade, o elemento essencial na estrutura da consciência e não apenas um etapa na história da consciência. Quando violamos, desfiguramos, mutilamos esse elemento, a história torna-se criminosa. Nesse contexto, a etimologia da palavra 'sagrado' é muito instrutiva: deriva do Latim *sacer*, que quer dizer 'aquilo que não poder ser tocado sem macular', mas também 'aquilo que não pode ser tocado sem ser maculado'. *Sacer* indica o culpado, o que foi consagrado aos deuses infernais. Ao mesmo tempo, por causa de sua raiz indo-européia *sak*, sagrado está ligado a 'santo'. Esse significado duplo de *sacer* – sagrado e mau – é o duplo sentido da própria História, com sua gagueira, suas contorções e suas contradições que muitas vezes dão a impressão que a História é um conto de um homem louco.

É precisamente a noção de sagrado que nos dias de hoje é violentamente criticada nos círculos acadêmicos. Por exemplo, Daniel Dubuisson considera herética a posição de Eliade.[13] De maneira mais sutil, Antoine Faivre considera o sagrado como uma simples suposição que deve ser submetida ao critério popperiano da refutação. Para Faivre, o sagrado é apenas

---

[12] Mircea Eliade, *L'Épreuve du labyrinthe*, Paris, Pieerre Belfond, 1978, p. 175.

[13] Daniel Dubuisson, *Mythologies du XXe siècle – Dumézil, Lévi-Strauss, Eliade*, Presses Universitaires de Lille, 1993, p. 250; *L'Occident et la religion – Mythes, science et idéologie*, Paris, Éditions Complexe, 1998.

um fenômeno histórico.[14] Não é de modo algum claro que o critério popperiano, que já é duvidoso nas ciências exatas, deva ser aplicado a uma ciência humana como a historia das religiões. Alguns historiadores da religião, obcecados pela neutralidade, objetividade e refutação, parecem-me estar na posição dos físicos do sec. XIX. Uma visão muito mais aberta foi tomada por Brian Rennie num livro muito bem documentado: *Reconstructing Eliade.*[15] O tema polêmico do sagrado será discutido num *workshop* que ocorrerá em breve.[16]

É paradoxal e significativo que o mais dessacralizado período da História – o nosso – gerou, no entanto, uma das mais profundas reflexões sobre a questão do sagrado fora dos círculos acadêmicos. O problema inevitável do sagrado atravessa a obra dos mais diversos pensadores e autores do século XX, dos mestres do pensar aos mestres do viver.

O modelo transdisciplinar da Realidade traz uma nova luz ao significado do sagrado.

Em termos gerais, movimento é o cruzamento simultâneo dos níveis de Realidade e dos níveis de percepção. Esse movimento coerente é associado simultaneamente a dois significados, a duas direções: um significado ascendente (que corresponde a uma 'subida' através dos níveis de Realidade e de percepção) e um significado descendente (que corresponde a uma 'descida' através desses níveis). A zona de não resistência absoluta do sagrado surge como a origem desse duplo movimento, que é simultâneo e não-contraditório, subindo e descendendo pelos níveis de Realidade e de percepção. A não-resistência absoluta é claramente incompatível com a atribuição de uma única direção – de subir ou descer – precisamente porque é absoluta.

Essa zona está 'além' dos níveis de Realidade e de percepção, no entanto, é um 'além' que está conectado aos níveis. A zona de resistência absoluta é o espaço da coexistência da trans-ascendência e trans-descendência. Como *trans-ascendên-*

---

[14] Antoine Faivre, *L'Ambiguïté de la nation de sacré chez Mircea Eliade* (L'ambiguità della nozione di sacro in Mircea Eliade), in *Confronto con Mircea Eliade – Archetipi mitici e identitá storica*, Milano, Jaca Book, 1998, pp. 363-374.

[15] Bryan S. Rennie, *Reconstructing Eliade – Making sense of Religion*, Albany-New York, State University of New York Press, 1996.

[16] International Association for the History of Religions (IAHR), Durban, South Africa, 5-12 agosto de 2000 – Symposium *Mircea Eliade's Vision and Our present Understanding of Religion*, convocado por Bryan S. Rennie.

cia, essa zona está ligada ao conceito filosófico de transcendência (que vem de *transcendere* = escalar além). Como *trans-descendência*, está ligada ao conceito de *imanência*. Assim, a zona de não resistência é ao mesmo tempo uma *imanência transcendente* e uma *transcendência imanente*, a primeira acentuando a transcendência e a segunda a imanência. Portanto, esses dois termos são inadequados para designar a zona de não resistência, que aparece como irredutivelmente real e que não pode ser reduzida nem à imanência transcendente nem à transcendência imanente. A palavra *sagrado* é apropriada para designar essa zona de não resistência, do mesmo modo que o terceiro incluído reconcilia a imanência transcendente e a transcendência imanente. O sagrado permite o encontro entre o movimento ascendente e o movimento descendente da informação e da consciência através dos níveis de Realidade e dos níveis de percepção. Esse encontro é uma condição insubstituível para a nossa liberdade e a nossa responsabilidade. Nesse sentido, o sagrado aparece como a última fonte de nossos valores. Ele é o espaço de unidade entre o tempo e o não-tempo, o causal e o acausal.

De uma forma ou de outra, as diferentes religiões, bem como as correntes agnósticas e ateístas, são definidas em termos da questão do sagrado. *A experiência do sagrado é a origem da atitude transreligiosa.*

A transreligião designa a abertura de todas as religiões para aquilo que as atravessa e as transcende.

A transreligião não significa uma religião única, mas a unidade aberta, transcendente de todas as religiões. É o sagrado que permite que essa unidade seja efetiva, mesmo que a transreligião nunca seja formulada em termos de uma teologia. A transreligião seria a 'religião após a religião', este belo oxímoro que é o titulo de um livro do Prof. Steven Wasserstrom.[17]

A transdisciplinaridade não é religiosa nem não-religiosa, é transreligiosa. É a atitude transreligiosa que emerge da vivência transdisciplinar que nos permite aprender a conhecer e apreciar a especificidade das tradições religiosas ou não religio-

---

[17] Steven M. Wasserstrom, *Religion after Religion – Gershom Scholem, Mircea Eliade, and Henry Corbin at Eranos*, Princeton-New Jersey, Princeton University Press, 1999 (Religião após a Religião, Ed. Triom, 2003).

sas que nos são estranhas, para podermos reconhecer melhor as estruturas comuns que as fundamentam e, com isso, chegar a uma visão transreligiosa do mundo.

A atitude transreligiosa não está em contradição com nenhuma tradição religiosa e com nenhuma corrente agnóstica ou ateísta, quando essas tradições e correntes reconhecem a presença do sagrado. Na verdade, *a presença do sagrado é a nossa transpresença no mundo.* Se fosse difundida, a atitude transreligiosa tornaria impossível qualquer guerra religiosa.

O conceito de transreligião que estou formulando aqui é bem próximo ao que o grande poeta árabe Adonis chama de *misticismo da arte*: um movimento em direção ao lado escondido da Realidade, uma experiência vivida, uma viagem perpétua ao coração do mundo, uma unificação dos contraditórios, a infinidade e o desconhecido como aspirações, liberdade em relação a qualquer sistema filosófico ou religioso, criação espontânea num estado transracional.[18] De fato, toda a obra de Adonis tem uma natureza transcultural e transreligiosa, como mostra o livro recente de Michel Camus.[19]

A atitude transreligiosa é também muito próxima do que o grande teólogo e filosofo cristão Raimon Panikkar chama de *diálogo intra-religioso*: um diálogo que acontece no mais íntimo de qualquer ser humano.[20]

A atitude transreligiosa não é apenas um projeto utópico – ela está gravada nas profundezas de nosso ser. Através do transcultural, que conduz ao transreligioso, a guerra entre culturas – uma ameaça crescente em nossos dias – não tem mais razão de existir. Se a atitude transcultural e transreligiosa conseguisse achar seu lugar na modernidade, a guerra entre civilizações jamais ocorreria.

5. Podemos reconciliar as duas culturas?

No começo da história humana a ciência e a cultura eram inseparáveis. Eram fomentadas pelas mesmas questões, aquelas

[18] Adonis, *La Prière et l'épée – Essais sur la culture arabe*, Paris, Mercure de France, 1993, pp. 143-146.
[19] Michel Camus, *Adonis, le visionnaire*, Monaco, Le Rocher, 2000.
[20] Raimon Panikkar, *Entre Dieu et le cosmos*, Paris, Albin Michel, 1998.

sobre o sentido do universo e o sentido da vida.

No Renascimento esse elo ainda não havia sido quebrado. Como o próprio nome indica, a primeira universidade era dedicada ao estudo do universal. O universal estava encarnado naqueles que deixariam sua marca na historia do conhecimento. Cardan, o inventor dos números imaginários e do sistema de suspensão que leva seu nome, foi matemático, médico e astrólogo: a mesma pessoa que estabeleceu o horóscopo de Cristo foi o autor da primeira exposição sistemática do cálculos de probabilidades. Kepler foi ao mesmo tempo astrônomo e astrólogo. Newton foi simultaneamente físico, teólogo e alquimista. Ele era tão fascinado pela Trindade quanto pela geometria e gastou mais tempo em seu laboratório alquímico do que na elaboração de sua *Philosophiae Naturalis Principia Mathematica.*

O germe da ruptura entre ciência e sentido, entre sujeito e objeto, estava certamente presente no sec. XVII, quando a metodologia da ciência moderna foi formulada, porém ela só se tornou definitiva a partir do sec. XIX.

A ruptura foi consumada nos nossos tempos. Ciência e cultura não tinham mais nada em comum, por isso falamos de ciência e cultura. A ciência não tem acesso à nobreza da cultura e a cultura não tem acesso ao prestígio da ciência.

Podemos compreender o grito de indignação emitido pelo conceito de *duas culturas – cultura cientifica e cultura humanista* – introduzido há algumas décadas por C. P. Snow, romancista e cientista. A ciência é sem dúvida parte da cultura, mas a cultura científica é completamente separada da cultura humanista. As duas culturas são vistas como antagonistas. Cada um desses mundos – o mundo científico e o mundo humanista – está hermeticamente fechado em si mesmo.

Em tempos recentes, os sinais de uma reconciliação entre as duas culturas estão se multiplicando, principalmente no diálogo entre ciência e arte, que é o eixo fundamental do diálogo entre a cultura científica e a cultura humanista.

Será que esta reconciliação é possível?

Como pode ser lido na Fig. 1, a cultura científica está situada completamente no lado esquerdo do diagrama, enquanto a cultura humanista atravessa os três termos representados no diagrama. Essa assimetria entre essas duas culturas demonstra toda a dificuldade para a reconciliação, reconciliação esta que só ocorrerá quando houver uma *conversão* da ciência em direção aos valores e em direção ao sagrado, isto é, quando a cultura científica se tornar uma verdadeira cultura. Essa conversão passa inevitavelmente pela conversão dos próprios cientistas. Esse processo já é visível no mundo inteiro, porém os hábitos antigos da mente ainda têm um poder muito forte.

A transdisciplinaridade oferece uma base metodológica para a reconciliação das duas culturas artificialmente antagonistas por elas serem sobrepostas pela unidade aberta da cultura transdisciplinar.

O encontro entre diferentes níveis de Realidade e diferentes níveis de percepção engendra diferentes *níveis de representação.* Imagens correspondentes a um certo nível de representação têm uma *qualidade* diferente das imagens associadas com um outro nível de representação, pois cada qualidade está associada com um determinado nível de Realidade e um determinado nível de percepção. Cada nível de representação aparece como um verdadeiro muro, aparentemente intransponível devido a sua relação com as imagens engendradas por outro nível de representação. Por isso, esses níveis de representação do mundo sensível estão conectados com os níveis de percepção do criador, do cientista ou do artista. A verdadeira criação artística ergue-se como uma ponte entre vários níveis de percepção ao mesmo tempo, engendrando uma *transpercepção.* A transpercepção permite um entendimento global e não diferenciado da totalidade dos níveis de percepção. A transrepresentação e a transpercepção poderiam explicar as similaridades surpreendentes entre os momentos de criação artística e cientifica, brilhantemente demonstradas num livro do grande matemático Jacques Hadamard.[21]

6. O transcultural e o espelho do Outro

Contemplar a cultura do sec. XX é, ao mesmo tempo, desconcertante, paradoxal e fascinante.

[21] Jacques Hadamard, *Essai sur la psychologie de l'invention dans le domaine mathématique*, Paris, Gauthier-Villars, 1978.

Desde tempos imemoriais, imensos tesouros de sabedoria e de conhecimento vêm sendo acumulados e, mesmo assim, continuamos a nos matar uns aos outros.

É verdade que os tesouros de uma cultura são virtualmente incomunicáveis à outra: os níveis de Realidade e de percepção são descontínuos. Essa descontinuidade explica porque não podemos traduzir uma cultura nos termos de outra cultura. *As culturas emergem do silêncio entre as palavras e esse silêncio não pode ser traduzido.* Não importa a sua carga emocional, as palavras do dia a dia são dirigidas mais à razão, o instrumento concedido aos seres humanos para sua sobrevivência. Porém, as culturas emergem da totalidade do ser humano numa determinada área geográfica e histórica, contendo todos os seus sentimentos, esperanças, crenças e questionamentos.

Os avanços prodigiosos dos meios de transporte e de comunicação fizeram com que as culturas se intermesclassem. Esse mesclar-se recíproco das culturas é caótico. Eis a prova: as inúmeras dificuldades que são concomitantes à 'integração' de diferentes culturas minoritárias em vários países do mundo. Sob que bandeira essa integração fantasmagórica pode ser apresentada? Nem o Esperanto, nem o Volapuk, nem o mais elevado nível de computadorização poderão garantir uma tradução entre culturas. Paradoxalmente, *hoje tudo está aberto e fechado ao mesmo tempo.*

Os avanços avassaladores da tecnociência só serviram para aumentar o abismo entre as culturas. A esperança do sec. XIX de uma cultura única na sociedade mundial, fundada na felicidade trazida pela ciência, ruiu há muito tempo. Ao invés disso, testemunhamos, de um lado, a completa separação entre ciência e cultura e, de outro, uma fragmentação cultural no interior de cada cultura. No outro extremo, testemunhamos o perigo de uma cultura homogênea, única e de baixo nível, como possível resultado da acelerada globalização. O Ocidente tem uma grande responsabilidade: evitar a desintegração cultural resultante do avanço desenfreado da tecnociência.

A fragmentação cultural é sentida no âmago de cada cultura. O *big-bang* disciplinar tem seu equivalente no *big-bang* dos modos culturais, baseado na perda de memória do sagrado: *qualquer coisa vale.* Como resultado da inevitável perda dos quadros de referência num mundo cada vez mais complexo, um modo de pensamento é descartado pelo seguinte com uma velocidade cada vez mais rápida. Há já algum tempo, mediante a intervenção de computadores, a velocidade das mudanças dos modos culturais pode chegar à velocidade da luz. Atualmente, a cultura parece uma espécie de lata de lixo monstruosa, na qual defesas estranhas contra o terror do contra-senso proliferam. É claro que, como sempre, o novo está oculto no antigo, no entanto, vai nascendo lenta mas concretamente. Essa mistura ainda informe do novo com o antigo é fascinante, pois por trás de todos os modos culturais diferentes, um novo caminho cultural de ser está tomando forma.

Apesar de sua aparência caótica, a modernidade leva a uma reconciliação entre as culturas. Com uma intensidade infinitamente maior do que nas épocas anteriores, a modernidade traz consigo um ressurgimento da necessidade de unir o ser ao mundo. O potencial para o nascimento de uma cultura de esperança é precisamente equivalente ao potencial para a autodestruição que é engendrado pelo abismo do contra senso.

O *multicultural* mostra que o diálogo entre culturas diferentes é enriquecedor, mesmo se sua meta não é a comunicação real entre culturas. O estudo da civilização chinesa foi certamente frutífero para aprofundar a compreensão da cultura européia. O multicultural nos ajuda a descobrir a face da nossa própria cultura, tendo como espelho uma outra cultura.

O *intercultural* é claramente assistido pelo desenvolvimento dos transportes e das comunicações e pela globalização econômica. O aprofundamento das descobertas sobre culturas antes pouco conhecidas ou desconhecidas, faz com que potencialidades insuspeitas eclodam em nossa própria cultura. A influência da arte africana contribuiu para o surgimento do Cubismo – esse é um exemplo eloquente de como o contato intercultural pode interferir no desenvolvimento de uma determinada cultura. A face do Outro nos permite conhecer melhor nossa própria face.

Obviamente, o multicultural e o intercultural por si mesmos não garantem o tipo de comunicação entre todas as culturas, já que isso pressupõe uma língua universal baseada em valores compartilhados, mas certamente constituem passos importantes em direção ao ato da comunicação transcultural.

O transcultural designa a abertura de todas as culturas para aquilo que as atravessa e as transcende.

A realidade de uma abertura como essa é provada, por exemplo, pela pesquisa conduzida por um quarto de século pelo diretor Peter Brook com sua companhia: *Centre International de Créations Théâtrales*.[22] Os atores são de nacionalidades diferentes e, assim, estão imersos em culturas diferentes. Mesmo assim, durante a atuação revelam qualidades que atravessam e transcendem as culturas, usando um material amplo, que vai do *Mahabarata* à *Tempestade* de Shakespeare, da *Conferência dos Pássaros* à ópera *Carmen*. O sucesso popular dessas performances em diferentes países do mundo nos mostra que essa abordagem transcultural pode ser tão acessível aos diferentes públicos quanto sua própria cultura.

A percepção do que atravessa e transcende as culturas é, antes de mais nada, uma experiência que não pode ser meramente reduzida a uma questão teórica, mas ela é rica em ensinamentos para a nossa vida diária e para as nossas ações no mundo. Isso indica, de maneira concordante com o Princípio da Relatividade da transdisciplinaridade, que *nenhuma cultura constitui um lugar privilegiado a partir do qual se pode julgar outras culturas.* Cada cultura é a atualização de uma potencialidade do ser humano, num lugar específico da terra e num momento específico da história. Lugares diferentes no mundo e momentos diferentes na história atualizam potencialidades diferentes do ser humano, isto é, culturas diferentes. É a totalidade aberta do ser humano que constitui o 'lugar sem lugar' do que atravessa e transcende as culturas.

A percepção do transcultural é antes de mais nada uma experiência, pois diz respeito ao silêncio de diferentes atualizações. O espaço entre os níveis de percepção e os níveis de Realidade é o espaço desse silêncio; é o equivalente, no espaço interior, daquilo que é chamado de vácuo quântico no espa-

[22] Brook, *Les Voies de la création théâtrale XIII*, Paris, Editions du CNRS, 1985.

ço exterior. É um silencio pleno, estruturado em níveis. Há tantos *níveis de silêncio* quanto há correlação entre níveis de percepção e níveis de Realidade. E, além de todos esse níveis de silêncio, há outra qualidade de silêncio, esse lugar sem lugar que o poeta e filósofo francês Michel Camus chama de *nossa ignorância luminosa*.[23] Esse núcleo de silêncio aparece para nós, pois é a roda insondável do conhecimento e é luminoso porque ilumina a própria estrutura do conhecimento. Os níveis de silêncio e os níveis da nossa ignorância luminosa determinam a nossa lucidez.

Se houver uma língua universal, ela vai além das palavras, pois ela diz respeito ao silêncio que há entre as palavras e o silêncio insondável que é expresso por cada palavra. A língua universal não é uma língua que possa ser capturada num dicionário; é a experiência da totalidade do nosso ser, finalmente reunida para além de suas dez mil formas. É, por sua própria natureza, uma translíngua.

Pela perspectiva física, os seres humanos são iguais: são constituídos pela mesma matéria, acima e além de suas diversas estruturas físicas. Os seres humanos são iguais do ponto de vista biológico: os mesmos genes geram diferentes cores de pele, diferentes expressões faciais, qualidades, defeitos. O transcultural sugere que os seres humanos são também iguais do ponto de vista espiritual, além das diferenças enormes que existem entre as várias culturas. O transcultural é expresso através da leitura simultânea de todos os níveis de silêncio, através de uma multidão de culturas. *"O resto é silêncio"*, conforme as últimas palavras de Hamlet.

Ele é o Sujeito que forja a translinguagem, uma linguagem orgânica, que captura a espontaneidade do mundo, além da cadeia infernal de abstração seguida de abstração. O evento de ser é tão espontâneo e súbito quanto um evento quântico. Ele é a sequência de eventos de ser que constitui a verdadeira atualidade, a qual, ai!, não recebe atenção alguma da nossa mídia. E, no entanto, esses eventos são o núcleo da verdadeira comunicação.

Finalmente, o que está no centro do transcultural é o *pro-*

[23] Michel Camus, *Proverbes du silence et de l'émerveillement*, Paris, Lettres Vives, 1989, p. 27.

blema do tempo. O tempo é a medida de mudança de diferentes processos. Como resultado disso, o tempo é sempre pensado no passado e no futuro. É o campo do Objeto. Por outro lado, o tempo vivido na espontaneidade de um evento do ser, o instante presente, é impensável. Como observou Charles Sanders Peirce, um dos grandes precursores da transdisciplinaridade, o momento presente é um ponto no tempo no qual nenhum pensamento pode ocorrer e nenhum detalhe pode ser separado.[24]

O momento presente é *tempo vivido*. Diz respeito ao Sujeito; mais precisamente, diz respeito àquilo que conecta o Sujeito ao Objeto. O instante presente é, estritamente falando, um não tempo, uma *experiência do terceiro*, da relação entre Sujeito e Objeto; assim, contém em si, potencialmente, o passado e o futuro, o fluxo total de informação que atravessa os níveis de Realidade e o fluxo total de consciência que atravessa os níveis de percepção. O tempo presente é verdadeiramente a origem do futuro e a origem do passado. Diferentes culturas, presentes e futuras, têm extensão no tempo da história, que é o tempo de mudança de estado de ser dos povos e das nações. O transcultural diz respeito ao tempo presente na *transhistória*, noção introduzida por Eliade, que diz respeito ao impensável, ao não pensado e à epifania.

O transcultural é a ponta de lança da cultura transdisciplinar. Culturas diferentes são facetas diferentes do ser humano. O multicultural permite a interpretação de uma cultura por outra, o intercultural permite a fertilização de uma cultura por outra e o transcultural assegura a tradução de uma cultura em várias outras culturas, mediante a decifração do sentido que as une e, ao mesmo tempo, vai além delas.

---

[24] Charles S. Peirce, *Écrits sur le signe*, Paris, Seuil, 1978, p. 22.

Conferência proferida no II Encontro Catalisador do projeto "A Evolução Transdisciplinar na Educação" do CETRANS da Escola do Futuro da USP, que ocorreu no Guarujá, São Paulo, de 8 a 11 de junho de 2000

Agustí Nicolau Coll – Intercultura
(Centro para o diálogo intercultural da Catalunha)

Nota do Autor – Mesmo sendo o único responsável pelo conteúdo deste artigo, desejo, no entanto, demonstrar meu reconhecimento a Raimon Panikkar, filósofo catalão-hindu que me fez voltar para o intercultural e também a Robert Vachon, diretor da revista Interculture, do Institut Interculturel de Montréal, e Kalpana Das, diretora deste instituto, pedagoga do intercultural e minha mãe adotiva. São eles os inspiradores deste texto.

As Culturas não são Disciplinas: Existe o Transcultural?

Introdução

Minha intenção, neste artigo, é mostrar que o transcultural, se ele existir, tem uma natureza completamente diferente do transdisciplinar, considerando as diferenças fundamentais entre as 'disciplinas' e as 'culturas'.

Para fazê-lo, vou debruçar-me primeiramente sobre as diferenças fundamentais entre as culturas e as disciplinas, para, em seguida, de forma mais precisa, analisar a noção de cultura, identificando os elementos que a compõem em toda sua complexidade. Em terceiro lugar, abordarei os elementos básicos do pluralismo cultural e um método para o intercultural.

Com todos estes elementos, talvez tenhamos a possibilidade de começar a responder a questão: "O transcultural existe?"

1. As culturas não são disciplinas

Penso que não podemos colocar em um mesmo nível de realidade, ou se vocês preferirem, de coerência, as culturas e as disciplinas, pelo próprio fato de que tanto sua natureza constitutiva quanto sua articulação e desenvolvimento são profundamente diferentes. Exatamente por isso, a transculturalidade, se ela for possível, terá uma natureza completamente diferente da transdisciplinaridade. Para usar as palavras de Panikkar, "(...) as culturas não são espécies de um gênero metacultural"[1], porque cada cultura é uma galáxia em si mesma.

Uma disciplina científica é sempre uma visão dirigida para uma parte do Real, do Todo, visão aleatória em sua amplitude e profundidade, que depende da própria natureza de cada disciplina. Uma disciplina é uma construção metodológica particular que pretende conhecer da melhor maneira possível uma

[1] Cf. Panikkar 1998.

parte do Real, seja no nível do cosmo, seja no nível antropológico.

Uma disciplina nunca tem uma natureza ontológica em si mesma, no sentido de que talvez, para existir, nem a Realidade nem os humanos necessitem das disciplinas; o que não significa que sua existência seja inútil e perniciosa em si. A segmentação disciplinar é a maneira que a cultura ocidental moderna desenvolveu para conhecer melhor o Real, com todas as luzes e sombras que esta segmentação comportou e ainda comporta. Contudo, pode haver uma vida humana plena sem a existência das disciplinas.

Por outro lado, uma cultura, no sentido global do termo que especificaremos mais à frente, é sempre um olhar sobre a totalidade do Real, do Todo, mesmo que sempre o veja apenas em parte. Uma cultura não é uma simples criação aleatória, mas uma dimensão ontonômica do Real, que faz parte da própria estrutura da realidade, pelo menos humana. Em outras palavras, não existe vida humana possível sem cultura, uma vez que a verdadeira natureza humana é cultural.

Aliás, em qualquer cultura sempre há uma 'cultura do conhecimento' ou, se preferirmos, uma 'cultura científica', que pode ou não ser disciplinar. Em relação a uma cultura, uma disciplina é sempre parcial, não somente por ser uma visão parcial sobre o Real, mas também por ser uma concretização, entre outras, da cultura científica ou do conhecimento, que, por sua vez, é uma dimensão importante mas parcial de toda cultura.

A segmentação disciplinar, devido à sua própria natureza forçada e artificial, exige uma correção interdisciplinar e transdisciplinar. Podemos aplicar a mesma reflexão à diversidade cultural? Penso que não, pois este não é o resultado de uma segmentação do Todo em partes, mas a expressão de diferentes olhares sobre o Todo, que são parciais, mas que, no entanto, participam do Todo, mesmo que apenas em parte.[2]

Para compreender melhor a complexidade da noção de

[2] Não se deve cair na armadilha de estabelecer um paralelismo entre a passagem do multidisciplinar ao interdisciplinar e transdisciplinar (consideradas como três etapas sucessivas) e uma suposta passagem do multicultural ao intercultural e transcultural. Como veremos adiante, o 'lugar' do interdisciplinar e do transdisciplinar em relação às disciplinas não é de modo algum o mesmo daquele do transcultural e do intercultural em relação às culturas, devido ao fato que assinalei da natureza diferente entre culturas e disciplinas.

cultura vamos explorar diferentes elementos que definem e constituem uma determinada cultura.

2. A noção de cultura: para além dos reducionismos

A noção de cultura foi e ainda é uma das mais problemáticas e controvertidas no campo das ciências sociais e humanas. Seja para negar a ela toda importância ou, ao contrário, para colocá-la no centro de todas as abordagens, atualmente a noção de cultura não deixa ninguém indiferente no campo das ciências sociais e humanas.[3] Nossa intenção aqui, é trabalhar com uma noção global de cultura, que especificaremos mais adiante, a fim de ultrapassar os limites impostos pelos usos reducionistas que se fazem dessa noção.

2.1 Três reducionismos que precisam ser ultrapassados

Em nossa opinião, são três os reducionismos que habitualmente afetam a noção de cultura:

- Reducionismo artístico e folclórico
- Reducionismo intelectual
- Reducionismo dos valores e crenças

a) Cultura como folclore e arte

Um primeiro reducionismo muito comum é aquele que reduz a cultura a um conjunto de manifestações folclóricas e artísticas, no sentido amplo do termo. É o uso mais popular do termo e, em minha opinião, o mais difundido neste nível, ainda que as ciências sociais e humanas não o utilizem.

b) Cultura como produção intelectual

Um segundo reducionismo, não menos importante, é o de considerar como cultura somente ou, principalmente, a produ-

[3] Nos limites deste artigo não entraremos nesta controvérsia, por interessante que possa ser, o que não confirma uma falta de posicionamento a este respeito, como o leitor poderá constatar pessoalmente. Para uma visão do conjunto histórico do uso da noção de cultura nas ciências humanas, ver Cuche, 1996, mesmo que não concordemos com algumas de suas considerações.

ção intelectual, sobretudo a abstrata. Cultura e produção intelectual seriam então quase sinônimos.

c) Cultura como sistema de valores

Um terceiro reducionismo é o de considerar como cultural o campo dos valores e das crenças, considerando-o como fundamental para o resto da realidade cultural, mas, muitas vezes, sem estabelecer realmente quais são as relações existentes entre os dois.

Os conteúdos destas três noções são conteúdos da noção de cultura, mas conteúdos parciais que deixam de lado outras dimensões como a política, a econômica, a jurídica, a religiosa, a educacional, etc. Acreditamos, então, que para falar de diversidade cultural, do intercultural e, se for possível, do transcultural, nenhuma das noções que acabamos de ver pode nos servir, devido ao reducionismo com que enfocam a realidade cultural. Somos obrigados a utilizar então uma noção mais global, não redutora, que não deixe de lado nenhuma dimensão da realidade.

2.2 Uma noção global de cultura

Sem pretender nenhuma exclusividade, propomos uma compreensão da cultura que leve em conta os diferentes níveis e esferas da vida em sociedade e, portanto, cultura *"é o conjunto de valores, crenças, instituições e práticas que uma sociedade ou grupo humano desenvolve num certo momento do tempo e do espaço, em diferentes campos da realidade, a fim de assegurar sua sobrevivência material e a plenitude espiritual, tanto individual como coletivamente"*.

Esta perspectiva não nos permite reservar uma dimensão específica para a cultura separada do resto da realidade. Ela não nos permite estabelecer dualismos do tipo 'a cultura e a ciência', 'a cultura e a educação', 'a cultura e a política', 'a cultura e o econômico', 'a cultura e o jurídico', etc, mas nos obriga a trabalhar com uma concepção completamente diferente que assume que no fundo há, em toda cultura, no sentido global que acabamos de propor, uma cultura política, uma cultura científica[4], uma cultura educacional, uma cultura econômica, uma cultura jurídica, etc.

3. Os diferentes níveis e dimensões de toda cultura

Toda cultura é, portanto, uma realidade muito complexa, na qual diferentes níveis e dimensões se interrelacionam. Neste artigo vamos nos deter mais em dois deles:

- As três ordens ontonômicas
- A dimensão cosmoteândrica

3.1 As três ordens ontonômicas de toda cultura

Toda cultura apresenta três ordens ontonômicas[5], diferenciadas mas articuladas, que a modelam em seu caráter global. Trata-se da *ordem mítico-simbólica*, da *ordem lógico-epistêmica* e da *ordem mistérica*.[6] É impossível aqui, levar em consideração toda a complexidade inerente a estas três ordens e precisaremos nos limitar a esboçar apenas os contornos dos elementos mais importantes. Para uma visão do conjunto destes elementos e suas articulações respectivas, pode-se consultar o esquema elaborado por Robert Vachon.[7]

a) A dimensão mítico-simbólica

A dimensão mítico-simbólica refere-se não ao que habitualmente, numa perspectiva moderna, designa-se como irreal, ficção, fantasia, imaginário, mas [refere-se] justamente ao que *"(...) nos coloca em contato com a realidade"* (Panikkar 1975: 46). Trata-se de um nível mais profundo do que aquele que nos é oferecido no campo da razão reflexiva, conceitual e lógica, pois se este último pode ser definido como *verbum mentis*, a

[4] Com referência ao que mencionamos acima, a segmentação disciplinar seria uma metodologia adequada para a cultura científica de orgiem ocidental moderna, mas não seria, em si, um universal cultural, pois em outras culturas científicas podemos encontrar outras metodologias tão válidas e eficientes que não passam pela segmentação disciplinar.

[5] Utilizamos o termo *ontonômica* para significar que se trata de ordens que fazem parte da própria estrutura da Realidade, ou, ao menos, se referem diretamente a ela.

[6] Inspiro-me profundamente aqui no trabalho de Robert Vachon apresentado em VACHON 1995.

[7] Este esquema se encontra no final do texto.

ordem mítico-simbólica pode ser definida como o *verbum entis*. Trata-se de uma forma particular da consciência que nos permite, ela também, tornar a realidade inteligível.

A dificuldade com esta dimensão encontra-se no fato de que ela não pode ser definida nem explicitada, em última instância, pela razão, pois trata-se precisamente daquilo que não é definido, nem pensado, nem dito, mas que é tão real quanto o que percebemos com a razão. Para o homem moderno, conectar-se novamente com sua dimensão mítico-simbólica é uma coisa muito difícil, porque ele *"(...) não parece ter consciência de que a própria modernidade está baseada num mito, o da razão e da história. Ele recusa-se, até mesmo categoricamente, a falar da história e da razão científica como sendo mitos entre outros, ou mesmo mitos. Mais ainda, ele está tão convencido de que só o que é racional, lógico e definido é real, que recusa o caráter de realidade a tudo o que não o seja. Advém daí a sua resistência e aversão profundas em relação a toda consciência dita mítica e a toda dimensão mítica da realidade."* (Vachon 1995: 37)

A natureza do mito e da consciência mítica provém de uma camada muito profunda da realidade e da própria consciência humana. É por este motivo que não podemos conceitualizá-lo, defini-lo, objetivá-lo, mas apenas vivê-lo profundamente, diretamente, sem intermediários. Em última análise, podemos dizer, como Panikkar, que *"O mito é aquilo em que acreditamos, sem saber que nele acreditamos"* (Panikkar 1974: 279), sem, com isso, confundi-lo nem com a fé – pois ele é antes o que permite a esta se exprimir – nem muito menos com a crença – que é a articulação da fé.

O mito é aquilo que é evidente, que não precisa ser explicitado, porque o consideramos como adquirido, escapando à consciência intelectual. Mais que indizível e impensável, ele seria não-dito (pois não dizível) e não pensado (porque não pensável). Em última análise ele é *"(...) o que faz ver, mas não pode ser visto. Como a luz."* (Panikkar 1987: 76)

Ele seria também o horizonte derradeiro da inteligibilidade, porque ele se encontra *"(...) na origem do pensamento, não no sentido de fornecer o alimento para o pensamento, mas no sen-*

tido de purificar o pensamento, contorná-lo, ou melhor, atravessá-lo, para que o não-pensado emerja e que o intermediário desapareça." (Panikkar 1979: 4-5)

Ele dirige nosso pensamento e nossa ação para determinada direção, levando-nos a escolher um caminho e não outro. Por exemplo, como disse Robert Vachon, *"o mito do logos e da história orientará as ações para as definições e para os projetos nesta vida ou na outra. O mito do círculo (por outro lado), o orientará a encontrar e tomar seu lugar no círculo da vida, etc."* (Vachon 1995: 42)

A linguagem do mito articula-se sobre o relato mítico, mas também sobre o símbolo (instrumento do mito), a fé (veículo do mito), as crenças (articulação da fé), o rito/culto (o mito em ação, expressão do mito).

Cada cultura e também cada civilização, repousa e fundamenta-se em mitos próprios que não são redutíveis uns aos outros, o que não impede que possam existir semelhanças. Numa perspectiva transcultural, penso que é no nível dos mitos que devemos trabalhar, primeiramente para ver se há elementos com valor transcultural e, depois, independentemente desta constatação, mas levando-a em consideração, explorar como podemos entrar em comunhão mítica a partir de nossos respectivos mitos, sem abandoná-los.

b) A dimensão lógico-epistêmica

A dimensão ou ordem lógico-epistêmica é aquela dominante em nossa sociedade moderna contemporânea. Para resumi-la em poucas palavras, podemos dizer que esta dimensão compreende 'tudo o que pode ser pensado' e, em última análise, a verdade correspondente a uma realidade conceitual. Trata-se do *verbum mentis*, o 'logos do pensamento'. Segundo Robert Vachon (Vachon 1995: 62-63), é possível identificar quatro níveis subsequentes:

- O *logos* em si mesmo, identificado ao pensamento
- O *conceito/signo/termo* que é um instrumento do *logos*
- A *razão*, que é um veículo do *logos*
- A *ciência*, como expressão do *logos*

A dimensão lógico-epistêmica é a interpretação da experiência a partir do logos, sendo um produto do intelecto. Esta constatação não significa subtrair-lhe seu valor, mas delimitar o terreno de sua ação e, principalmente, seu alcance interpretativo da Realidade.

c) A dimensão mistérica

Em terceiro lugar, há o que chamo de *dimensão mistérica*, que não deve ser confundida com um enigma, nem com qualquer estado psicológico que seja. Ela corresponde ao que não é definível, nem mesmo pensável; corresponde ao impensável, ao indizível e, em última análise, à liberdade da Realidade. Não pode, principalmente, ser reduzida a um enigma que deve ser resolvido, mas, como seu nome indica, a um mistério que deve ser descoberto e ao qual todas as culturas dirigem seu olhar.

3.2 A dimensão cosmoteândrica de toda cultura

A dimensão *mítico-simbólica*, que vimos mais acima, apresenta, por sua vez, uma tripla dimensão constitutiva que, como Panikkar definiu[8], é cosmoteândrica. Nesta dimensão oculta, não-reflexiva de toda cultura que é a dimensão mitológica, podemos sempre encontrar e identificar três realidades mítico-simbólicas mais precisas que são o *homem*, o *cosmo* e o *divino*.[9]

Definitivamente, toda cultura e civilização possuem, veiculam e são veiculadas por uma determinada concepção do humano, do cósmico e do divino.

Podemos dizer que se trata aqui de um invariante humano, pois o encontramos em todas as culturas e civilizações no curso da história e também na atualidade. Mesmo no caso em que seja negada uma destas dimensões – como ocorre em grande parte da cultura ocidental moderna, que nega a dimensão divina – não podemos permanecer calados diante dela, temos que negá-la. Assim como podemos considerar como transcultu-

---

[8] Cf. Panikkar 1993.

[9] É preciso tomar as palavras *homem, cosmo, divino*, não como conceitos, mas como símbolos, principalmente o terceiro, que poderia ser também denominado de outra forma: "abissal derradeiro, ao mesmo tempo transcendente e imanente, infinitamente inesgotável, de mistério, de liberdade, de caráter não finito (ou seja, infinito), de sempre mais, de sempre melhor" (Panikkar 1993: p. 61).

rais as três ordens ontonômicas (mito, logos, mistério), também a dimensão cosmoteândrica pode sê-lo, na medida em que não pretendemos que exista um único sistema de relação entre as três polaridades, nem que exista uma única concepção possível do humano, do cosmo ou do divino. A estrutura em si pode ser transcultural, mas o conteúdo e a configuração de seus elementos constituintes não.

4. Pluralismo e diversidade cultural

Para além do que acabamos de assinalar como invariantes humanos que se encontram presentes em todas as culturas, a realidade cultural do mundo é múltipla e diversa. Se quisermos realmente aceitar e viver essa realidade da diversidade cultural, seremos obrigados a encarar seriamente o desafio do pluralismo em si e mais concretamente do pluralismo cultural. Não é fácil definir ou, pelo menos, delimitar os contornos do pluralismo, já que ele é mais da ordem do mito do que do logos. Contudo vamos tentar apresentar certos elementos que deveriam nos permitir percebê-lo, pelo menos o seu espírito.[10]

4.1 Para além da pluralidade de objetos

Em primeiro lugar, o pluralismo é o reconhecimento de que as culturas não são objetos, mas fundamentalmente sujeitos, o que implica e exige que se desperte para elas não como objetos de inteligibilidade que possam ser conhecidos, mas como fontes de conhecimento e de autocompreensão. Em última análise, trata-se de um *Tu* irredutível a qualquer definição ou conceitualização.

Mas é muito importante não confundir pluralismo com relativismo cultural, pois o pluralismo, em última análise, afirma a relatividade radical de todas as coisas. Se o relativismo afirma que tudo é válido e que não há critério de verdade ou

[10] Este capítulo foi fortemente inspirado na conferência dada por Robert Vachon "Le mythe émergent du pluralisme et de l'interculturalisme de la réalité" (O mito surgindo do pluralismo e do interculturalismo da realidade) no primeiro seminário sobre *Pluralismo e Sociedade: Discursos altenativos à cultura dominante* (Pluralisme et Societé. Discours alternatifs à la culture dominante), organizado pelo *Institut Interculturel de Montréal* (15 de fevereiro de 1997). Cf. Vachon 1997.

de julgamento a respeito das coisas, a relatividade afirma que o sentido das coisas surge e se manifesta na *relacionalidade* radical. Em outras palavras, se o relativismo defende a autonomia das culturas face à heteronomia das atitudes colonialistas e homogeneisantes, a relatividade destaca o valor da ontonomia das culturas. No entanto, a relatividade radical não afirma apenas que *"(...) tudo seja relacional, mas também que o próprio 'todo' é relacional, que a realidade não é um caos de mônadas 'caídas' ou uma gigantesca mônada única e imutável, nem um Absoluto, mas um conjunto de núcleos ônticos de uma rede, com uma visibilidade ontológica aos nossos olhos, mas também com uma consistência metafísica – se nos for permitido um uso idiossincrático dessas palavras veneráveis."* (Panikkar 1998: 29)

Para compreender o pluralismo cultural neste sentido é, sem dúvida, necessário reconhecer os limites da razão e, principalmente, não confundi-los com os limites do Ser, o que equivaleria colocar no mesmo pé de igualdade o Pensamento e o Ser.

4.2 Nem multiplicidade inteligível, nem redução à unidade

Em segundo lugar, é preciso levar em consideração que o pluralismo enquanto atitude básica e, consequentemente, o pluralismo cultural, não pretende reduzir o Todo a uma soma inteligível de suas partes. Isto significa que o pluralismo não procura reduzir as diferentes culturas a uma unidade artificial ou formal, porque aceita como algo positivo a irredutibilidade das culturas.

Se de um lado podemos compreender racionalmente a pluralidade de culturas, não podemos, com isso, compreender o pluralismo de uma forma completamente coerente. Mas, no fundo, o pluralismo cultural não tem necessidade de ser compreendido para existir, pois ele é em si. Podemos tentar conseguir o máximo de inteligibilidade do pluralismo, desde que não procuremos uma inteligibilidade total deste. Uma atitude de aceitação completa do pluralismo cultural não exclui a racionalidade, mas abandona todo racionalismo pretensamente onicompreensivo. O pluralismo se ergue contra o totalitarismo do pensamento que nos propõe tratar as questões fundamentais da realidade tão somente a partir das definições, conceitos e teorias claramente estabelecidas.

4.3 Não se opõe nem à unidade, nem à pluralidade

O pluralismo não se opõe nem à unidade (monismo), nem à pluralidade (dualismo), mas procura ir além deles, mantendo-se equidistante tanto do monismo quanto do dualismo, sem que haja uma oscilação dialética entre os dois. No fundo uma atitude pluralista nunca afirmaria que a verdade é una ou múltipla, mas sim que a verdade é pluralista.

Podemos dizer que, diante do esforço para estabelecer a *unidade apesar das diferenças*, o pluralismo procura a *harmonia nas e por causa das diferenças.* Ele procura a *coesão e o equilíbrio* em vez da *coerência e da unidade.*

No que diz respeito à diversidade cultural, o pluralismo nos convida a não considerar nosso sistema de pensamento e nossa cultura como absolutos e não julgar de maneira absoluta os outros, considerando-os absolutamente falsos e nocivos. O pluralismo opõe-se ao absolutismo, não em nome de um antiabsolutismo (que sem dúvida se tornaria absoluto), mas pela contextualização de todas as posições no tecido da Realidade.

Em última análise, uma atitude pluralista diante da diversidade cultural implica e exige uma confiança profunda na Realidade inteira, uma confiança cósmica. Como Panikkar nos diz: *"O pluralismo nos torna conscientes de nossa contingência e de nossos limites e nos mostra como compor com a ausência de segurança e de certeza completa e como viver com nossa vulnerabilidade. A experiência começa a nos convencer que uma escalada das defensivas de todo tipo e a proliferação da suspeita têm um efeito contrário. No pluralismo assumimos posição e arriscamos a vida."* (Prahbu 1996: 255)

5. Um método para a interculturalidade

Levando em consideração tudo o que acabamos de esboçar a respeito do pluralismo, podemos agora iniciar algumas reflexões sobre um método para a interculturalidade. Podemos considerar a interculturalidade como uma outra maneira complementar de denominar o pluralismo cultural, como Robert Vachon nos propõe: *"Enquanto o pluralismo cultural acentua a diferença e a irredutibilidade das culturas sem cair na pluralidade, no ecletismo, no exclusivismo e no gueto, a interculturalidade acentua a relatividade (não-relativismo), a interconexão, a relacionalidade, a não-dualidade entre as culturas, sem cair na homogeneidade, no denominador comum ou no inclusivismo; ele acentua a harmonia, não apesar, mas no seio e por causa das diferenças culturais."* (Vachon 1997: 29)

5.1 A interculturalidade, um imperativo da Realidade

Seria um erro entender a exigência intercultural como sendo uma exigência que nasce do logos como ideologia, quer da mestiçagem, da comparação ou integração das diferentes culturas numa metacultura. A interculturalidade situa-se além dos conceitos, das ideologias e das definições, pois ela pertence mais ao campo do *mito* do que do *logos*; é mais um imperativo da Realidade do que fruto de uma decisão humana. *"O imperativo intercultural não é um simples imperativo ético ou epistemológico (seria bom ou inteligente estabelecer diálogo, abordar as questões numa perspectiva intercultural). Não é uma simples responsabilidade histórica de nosso tempo ou uma simples decisão humana. Não provém, sobretudo, de nenhum projeto do Homem. Não é o resultado de alguém, em algum lugar, que decidiu – sozinho ou em conjunto – montar uma teoria ou um projeto que recebe o nome de intercultural. É uma exigência mítica que decorre da própria natureza da realidade. A realidade em si é pluralista por natureza. Ninguém, portanto, tem o seu monopólio, nem a sua definição. Não se trata de uma simples elaboração do pensamento humano, do resultado de alguma opção livre ou de alguma moda."* (Vachon 1997: 32)

A consciência intercultural é a que nos lembra que toda cultura é fundamentalmente aberta à fecundação por outras culturas e, ao mesmo tempo, sede de uma aspiração a tornar-se toda a realidade.

Em última análise, para compreender o que somos, o que

o Homem é, precisamos da co-implicação da realidade inteira. Conseguir a plenitude humana não pertence a uma única cultura nem religião e é por isso que precisamos de uma solidariedade integral entre todos os seres.

5.2 Abordagem diatópica[11]

A interculturalidade exige que se ultrapasse a abordagem dialética que procura uma síntese final, através da abordagem diatópica que exige um posicionamento completamente diferente. Esquecemos com muita frequência que a distância que precisamos vencer entre diferentes culturas não é apenas factual (interpretação morfológica) ou temporal (interpretação diacrônica), mas principalmente espacial. Ou seja, muitas vezes estamos em *topoi* diferentes, com postulados de base radicalmente distintos, pois não desenvolveram seus respectivos modos de inteligibilidade com base em uma mesma tradição histórica comum ou por uma influência recíproca.

Assim a distância a ser vencida não é somente factual em um contexto homogêneo, pois não se trata de examinar um *texto* (cultura) através da analogia, explicitação, explicação, comparação, indo do passado ao presente, como se faria para revelar a riqueza de uma tradição a alguém que não a conheça (interpretação morfológica). Tampouco trata-se de ir do presente para o passado, tentando ultrapassar os anacronismos e o fosso temporal que nos separa, tomando consciência da heterogeneidade do contexto para melhor integrá-lo, a fim de compreender melhor as diferenças (interpretação diacrônica).

Precisamos ir um pouco mais longe, assumindo que nossas respectivas formas de pensar, nossos critérios, nossos postulados fundamentais e ainda as questões formuladas não são os mesmos. Quando tentamos entender um texto (cultura) que se acha forçosamente fora de nossa própria cultura, não podemos pretender que as normas que governam a interpretação do texto sejam as mesmas que as de nossa cultura. Precisamos, portanto, examinar profundamente nossos postulados, nossas

[11] Nos pontos 5-2, 5-3 e 5-4 retomo o essencial de Robert Vachon, 1995.

estruturas mentais e nossos mitos mais profundos para ver se são ou não os mesmos. Para compreender outras culturas, não basta ter consciência da originalidade de seus processos e lógicas (sistemas e estruturas próprios), mas também seus horizontes e visões, ou seja, os mitos de seus próprios *topoi.*

A interpretação diatópica é a que procura entender as culturas em suas diferenças, reunindo-as (mas não justapondo-as) em um diálogo que facilita a emergência de um novo horizonte de inteligibilidade, sem que por isso este horizonte seja exclusivamente o de uma única cultura (*dia-tópica*, que atravessa os *topoi* para chegar ao mito do qual eles são a expressão). A interpretação diatópica é aquela que procura entender a textura do contexto para vencer a distância, não do presente em relação ao passado, ou do passado em relação ao presente, mas do presente em relação ao presente.

5.3 Abordagem dialogal

Além de uma abordagem diatópica, precisamos também de uma abordagem dialogal, no sentido de uma superação da forma moderna de compreensão da realidade baseada na conceitualização, considerando que um conceito só é válido no lugar onde foi concebido. A abordagem dialogal é aquela que atravessa o logos para chegar a um terreno comum que o logos sozinho nunca poderá exprimir e que, como já vimos, é o mito.

A interculturalidade não deve permanecer prisioneira do totalitarismo do logos e, para consegui-lo, precisamos atingir, a partir do interior de cada cultura – relacionado a uma comunhão mítica pessoal – os mitos profundos que sustentam e alimentam as outras culturas, deixando-nos interpelar pessoalmente por estes e pelo que transcende, impregna, distingue e relaciona as diferentes culturas.

O abordagem dialogal repousa sobre o postulado de que ninguém isoladamente (quer se trate de uma pessoa ou de uma cultura) possui a capacidade de alcançar o horizonte universal da experiência humana e que somente se as regras do diálogo não forem postuladas unilateralmente, o Homem poderá atingir uma inteligência mais profunda e mais universal de si mesmo, para assim alcançar sua própria realização.

Se considerarmos as outras culturas como simples objetos de conhecimento, como fatos históricos quantificáveis, qualificáveis, objetiváveis, analisáveis, conceitualizáveis e mesmo inteligíveis, estaremos mutilando-as, pois elas são muito mais do que isso. Trata-se de realidades existenciais, pessoais, sagradas, míticas, alguma coisa de infinita para os que a vivem. As culturas, vamos repetir uma vez mais, não se situam somente no campo do logos, mas também no campo do mito, ou seja, no campo de diferenças derradeiras e fundamentais, que não são dialéticas (sem, por isso, serem anti-dialéticas).

Poderemos compreender realmente as outras culturas na medida em que formos conquistados por seu coração mítico, que é a intencionalidade última, a alma que assegura sua existência. Esta intencionalidade encontra-se enraizada no mito, mesmo no caso da cultura ocidental moderna baseada no mito da supremacia da razão e da ciência.

Isso significa que o tratamento dialético dos sociológos, etnógrafos, etnólogos, antropólogos, ainda que necessário, continua nitidamente insuficiente para perceber as culturas naquilo que elas são existencialmente, pois elas escapam a uma análise exclusivamente objetiva, lógica, teórica que pode mesmo tornar-se uma profanação se se pretender auto-suficiente e não se fizer acompanhar de uma comunhão mítica.

Com efeito, podemos atingir o outro somente descobrindo-o, não somente como um simples objeto de inteligibilidade *(aliud)*, mas como alguém em si mesmo *(alius)*. Devemos perceber o que o outro pensa e acredita de si mesmo e não apenas o que pensamos e acreditamos a respeito dele.

A abordagem dialogal não é uma simples fonte de informação, mas um caminho para chegar, a partir do interior, a uma compreensão e uma realização mais profundas do outro e de si mesmo. É um diálogo no qual permitimos que o outro e sua verdade nos interpele a partir de nossa própria vida e em nossos valores pessoais. Podemos conhecer profundamente somente aquilo (ou aquele) em que acreditamos pessoalmente, com uma fé pessoal, vivendo pessoalmente uma comunhão mítica.

6. O transcultural existe?

Depois deste percurso bastante condensado e rápido sobre alguns elementos que constituem a cultura, tentaremos responder à questão do início: "O transcultural existe?"

Pessoalmente acredito que podemos falar de transcultural somente no que diz respeito a determinadas estruturas fundamentais da cultura, tal como vimos no que diz respeito às três dimensões ontonômicas (mito, logos, mistério) ou à dimensão cosmoteândrica. O transcultural corresponderia então à partilha de certas invariantes humanas que estão presentes em todas as culturas como elementos estruturantes destas, mas não em seus conteúdos e explicitações.

Contrariamente ao que deixaria entender o próprio título de um artigo de Michel Cazenave[12], não acho que a passagem a fazer seja do intercultural ao transcultural, mas, precisamente, pelo que acabo de dizer, do transcultural ao intercultural. É por existirem certas dimensões transculturais que podemos pretender um diálogo intercultural como realidade plausível, não para chegar ao estabelecimento de uma transcultura ou metacultura, mas para que as diferentes culturas possam chegar a ser mais completas em todas suas dimensões, para serem mais plenamente o que já são.

Neste sentido eu me permito, a título de exemplo, falar de uma experiência pessoal. Como cristão procuro um diálogo e um conhecimento do budismo, não para tornar-me budista (sem com isso excluir tal possibilidade) e menos ainda para fazer uma síntese superior. Meu objetivo é descobrir, em contato com o budismo, a dimensão *búdica* (não confundir com budista) de meu cristianismo. Da mesma forma que um budista pode iniciar um contato e um diálogo com o cristianismo que lhe permitirá perceber melhor a dimensão crística (que não deve ser confundida com cristã) do budismo[13], continuando a

[12] *De l'Interculturel au transculturel* (Do Intercultural ao Transcultural), Cf. Cazenave 1997. Mas não acho que seja esta a intenção do autor em seu artigo, que contém inúmeras reflexões com as quais compartilho plenamente.

[13] Do mesmo modo que nem o cristianismo nem o Cristo têm a exclusividade da experiência crística, o Buda e o budismo também não têm a exclusividade da experiência búdica. Nos dois casos, experiência crística e experiência búdica precedem suas respectivas concretizações históricas mais importantes que nunca chegarão a esgotá-las, ainda que possam ser suas expressões privilegiadas, mas não únicas.

ser budista.

Aliás, também não penso que o transcultural se desenvolva na unidade da questão colocada[14], embora aceite a diversidade de respostas fornecidas. Além do fato de que seja possível partilhar certas questões, às vezes acontece que as questões fundamentais das diferentes culturas e civilizações sejam fundamentalmente diferentes. Com nos lembra Panikkar:

"(...) cada língua é um mundo (...) cada cultura é uma galáxia com seus próprios critérios de bondade, beleza e verdade. Mencionamos que a verdade, devido ao fato de ser ela própria relação, é pluralista, se se entende por pluralismo a consciência da incompatibilidade das diferentes visões do mundo, bem como a consciência da impossibilidade de julgá-las imparcialmente, uma vez que ninguém se encontra acima de sua própria cultura que lhe fornece os elementos para o julgamento." (Panikkar 1998: 29)

O intercultural nos faz descobrir que o jogo entre o Um e o Múltiplo se desenrola precisamente e em primeiro lugar no interior de cada cultura, que é ao mesmo tempo completa e incompleta, ponto de chegada e ponto de partida. Em última análise, acredito que podemos conceber o transcultural como horizonte de nossas respectivas experiências culturais, na medida em que não esqueçamos que ninguém nunca esteve no horizonte.

Finalmente, não acho que cada cultura seja um instrumento de uma sinfonia[15], mas antes uma sinfonia em si mesma que, certamente, através da escuta atenta e amorosa de outras sinfonias, com outros ritmos e outros instrumentos, pode enriquecer a maneira de tocar sua partitura.

[14] Cf Cazenave 1997, idem, ibidem, p. 91.

[15] *De l'Interculturel au transculturel* (Do Intercultural ao Transcultural), Cf. Cazenave 1997, p. 95.

DIAGRAMA V
(de Robert Vachon)

Dupla dimensão (mítico-lógica) de cultura

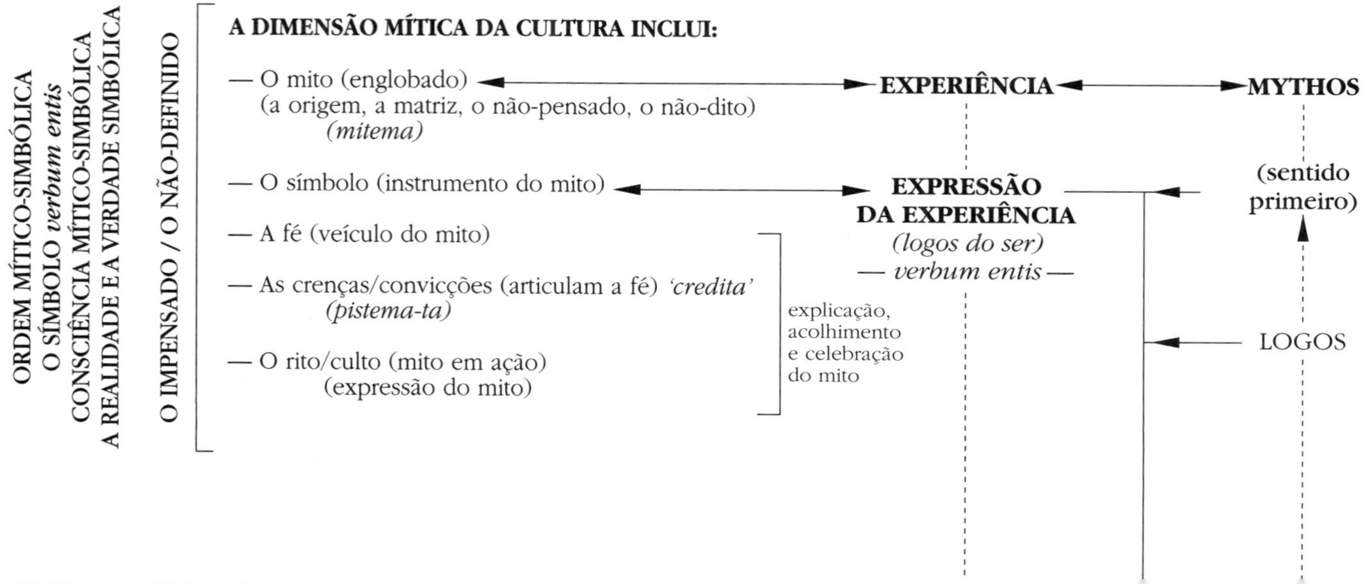

ORDEM LÓGICO-EPISTÊMICA
O SIGNO *verbum mentis*
CONSCIÊNCIA EPISTEMOLÓGICA/GNÓSTICA
A VERDADE E A REALIDADE CONCEITUAL

O PENSAMENTO / O DEFINIDO

A DIMENSÃO LÓGICA INCLUI:
(sentido restrito)

— O *logos*: pensamento

— O conceito/signo/termo (instrumento do logos)

— A razão (veículo do logos)

— A ciência (expressão do logos) *(cognita, noema-ta)* *(gnosis)*

INTERPRETAÇÃO DA EXPERIÊNCIA
(*logos* do pensamento)
— *verbum mentis* —
(produto do intelecto)

(sentido segundo)

O NÃO-DEFINIDO

O IMPENSADO

O IMPENSÁVEL / O INDIZÍVEL / A LIBERDADE DA REALIDADE ⟷ **PNEUMA**

Mysterium conjunctionis

N.B. O mito é o veículo do *mysterium* (R. P. 1, 41)

N.B. "O mistério não é redutível a um enigma"

N.B. *Mysterium* aqui não significa algo que se refira a tipo algum de estado psicológico, como visões, etc.

BIBLIOGRAFIA CITADA

CAZENAVE, 1997. *De l'Interculturel au transculturel*, na *Revue de psychologie de la motivation*, nº 23, pp. 84-95.

CUCHE Denys, 1996. *La Notion de culture dans les sciences sociales*. La Découverte, Paris.

NICOLAU-VACHON 1995. *Etnicidad y derecho: un enfoque diatópico y dialogal del estudio y la enseñanza del pluralismo jurídico*. Comunicado apresentado nas *V Jornadas Lascasianos "Etnicidad y derecho. Un diálogo postergado entre los científicos sociales"*, México, 1995.

PANIKKAR Raimon, 1974. *Le Mythe comme histoire sacrée* em E. Castelli (ed.) *Le Sacré*, Paris, Ed. Aubier.

PANIKKAR Raimon. 1975. *Percées dans la problématique interculturelle*, em Monchanin, Issue 50, June-December, pp. 3-74.

PANIKKAR Raimon, 1979. *L'Homme qui devient Dieu. La foi dimension constitutive de l'homme*. Paris, Ed. Aubier.

PANIKKAR Raimon, 1987. *Logomitia e penseiro occidental*, em *Rosmini e l'illuminismo, Atti de XXI Corso de la Catedra Rosmini*. Centro Internazionale di studi rosminiani. Stressa, Italia, p. 63-79.

PANIKKAR Raimon, 1998. *El Imperativo intercultural*, em Raúl Fornet Betancourt (Hrsg.) *Unterwegs zur interkulturellen Philosophie. Dokumentation des II. Internationalen Kongress fur Interkulturelle Philosophie*. IKO - Verlag fur Interkulturelle Kommunikation.

PRAHBU Joseph, 1996. *The Intercultural Challenge of Raimon Panikkar*. Orbis Books.

VACHON Robert, 1995. *Guswenta ou l'impératif interculturel* em Interculture Vol. XXVIII, nº 2 Printemps 1995, cahier 127.

VACHON Robert, 1997. *Le Mythe émergent du pluralisme et de l'interculturalisme de la réalité*, conferência dada no seminário *Pluralisme et Société. Discours alternatifs à la culture dominante*, organizado pelo Institut Interculturel de Montréal, em 15 de fevereiro de 1997.

Conferência proferida no II Encontro Catalisador do CETRANS da Escola do Futuro da USP, que ocorreu no Guarujá, São Paulo, de 8 a 11 de junho de 2000

Pascal Galvani – Mestre de Conferências associado. Universidade François Rabelais, Tours, França. Desde 1979, trabalhou nas periferias urbanas com jovens marginalizados e, no meio rural, com a formação profissional. Após um período de formação em ruptura com as instituições escolares, retomou, a partir de 1988, uma formação universitária paralela à sua atividade profissional.

A Autoformação, uma perspectiva transpessoal, transdisciplinar e transcultural

A questão que nos reúne, abrir as portas para uma formação transdisciplinar, é portadora de uma grande responsabilidade. Essa responsabilidade está diretamente ligada a dois desafios vitais: a perturbação dos equilíbrios ecológicos, devidos à busca incessante do lucro, e a crise antropológica aberta pelo aumento da população e pelas trocas transculturais. Esses desequilíbrios são herdados diretamente de uma visão ocidental de mundo, datada do século XIX. Essa visão de mundo se caracteriza pelo materialismo, pela redução do real apenas ao nível de realidade material, pela divisão do conhecimento em disciplinas especializadas que recortam a realidade, pela redução do ser humano ao indivíduo racional, egocêntrico ou econômico, pela divisão das culturas e pela ideologia nacionalista. O campo da educação se encontra assim confrontado com a supremacia dessa *ideologia cientificista*[1] que se impõe mundialmente, em nome de referências científicas ultrapassadas, com o apoio das tecnologias ocidentais da informação. Face a esses desafios, não podemos deixar de nos sentir individualmente muito fracos. Como a educação e a formação podem contribuir para uma mutação dessa visão destruidora do mundo?

Para tentar abrir uma pista de trabalho nessa imensa questão, parece-me que deveríamos inverter completamente o eixo da ação educativa para desenvolver uma abordagem interior da educação: a autoformação. Esta comunicação pretenderia mostrar que a autoformação implica, por um lado, numa abordagem transdisciplinar, para considerar a pluralidade de níveis de realidade desses dois conceitos: *autos* (si) e *formação*. E, por outro lado, que a autoformação é um processo antropológico que implica numa abordagem transcultural. A abordagem apresentada aqui é em parte proveniente da minha experiência de forma-

[1] Basarab Nicolescu, *O Manifesto da Transdisciplinaridade*, Ed. Triom, São Paulo, 2ª ed., 2001.

dor no campo da educação permanente na França, bem como do meu percurso de pesquisador prático no âmbito do laboratório de ciências da educação e da formação no qual eu trabalho com Gaston Pineau na formalização de uma abordagem biocognitiva da autoformação. Além disso, esta abordagem foi muito inspirada nos aprendizados transculturais que vivi no contexto americano com meus amigos Shoshones (estado de Idaho, EUA) e Ilnu (norte da província de Quebec, Canadá).

I. O trajeto antropológico da autoformação

A autoformação não é concebida aqui como um processo isolado. Não se trata da egoformação propalada por uma visão individualista. A autoformação é um componente da formação considerada como um processo tripolar, pilotado por três pólos principais: si (autoformação), os outros (heteroformação), as coisas (ecoformação).

Um processo tripolar

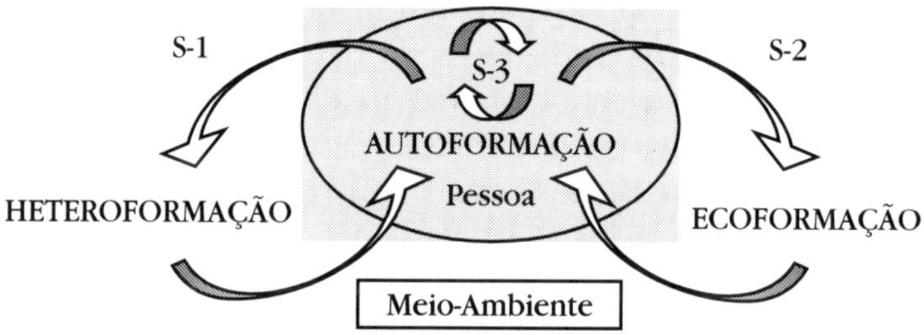

A formação: um processo vital e permanente de morfogêneses e metamorfoses emergindo das interações entre a pessoa e o meio ambiente físico e social

O processo de formação conduzido pelo *pólo hétero* inclui a educação, as influências sociais herdadas da família, do meio social e da cultura, das ações de formação inicial e contínua, etc. Essa heteroformação é definida e hierarquizada de maneira heterônima pelo meio ambiente cultural.

A formação conduzida pelo *pólo eco* se compõe das influências físicas, climáticas e das interações físico-corporais que dão forma à pessoa. Ela inclui também uma dimensão simbólica. O meio ambiente físico em todas as suas variedades (florestas, desertos, países temperados, metrópoles urbanas, etc) produz uma forte influência sobre as culturas humanas, bem como sobre o imaginário pessoal, que organiza o sentido dado à experiência vivida.

Nesse esquema, a autoformação é representada por três processos conduzidos pelo sujeito. Os processo S.1 e S.2 simbolizam as tomadas de consciência e as retroações da pessoa sobre as influências físicas e sociais recebidas. Essas assimilações formadoras correspondem ao conceito de acoplamentos estruturais de Varela[2]. O processo S.3 simboliza a tomada de consciência do sujeito sobre seu próprio funcionamento, que Varela chama de fechamento operacional. Essas três dinâmicas de autoformação são processos de tomada de consciência e de retroação da autos sobre si mesma e sobre suas interações com o meio ambiente físico e social. Essas retroações e tomadas de consciência são indissociáveis das interações que as fizeram nascer. A autoformação é um processo paradoxal que se alimenta de suas dependências. Ela é constituída pela tomada de consciência e de retroação sobre as influências heteroformativas e ecoformativas. Assim, a autoformação ultrapassa, integrando-os, os limites da educação entendida transmissão-aquisição de saberes e de comportamentos.

Um triplo movimento de tomada de consciência reflexiva

Esse triplo movimento de tomada de consciência e de tomada de poder da pessoa sobre sua formação parece ser a base de uma definição conceitual da autoformação. A autoformação aparece aqui como o surgimento de uma consciência original na interação com o meio ambiente. A autoformação se caracteriza pelo imbricamento da *reflexividade* e da *interação* entre a pessoa e o meio ambiente.[3]

Não é possível pensar a autoformação sem articular o acoplamento interativo pessoa/meio ambiente e a tomada de consciência reflexiva. Sem essa articulação, só existiriam acopla-

[2] Francisco Varela, *Autonomie et connaissance: essai sur le vivant*, Paris, Seuil, 1989.
[3] Pascal Galvani, *Quête de sens et formation, Anthropologie du blason et de l'autoformation*, L'Harmattan, Paris, 1997.

mentos reflexos e condicionantes sem nenhuma possibilidade de autonomização do sujeito. A autoformação se declina então em três processos de retroação: retroação de si sobre si (subjetivação), retroação sobre o meio ambiente social (socialização) e retroação sobre o meio ambiente físico (ecologização).

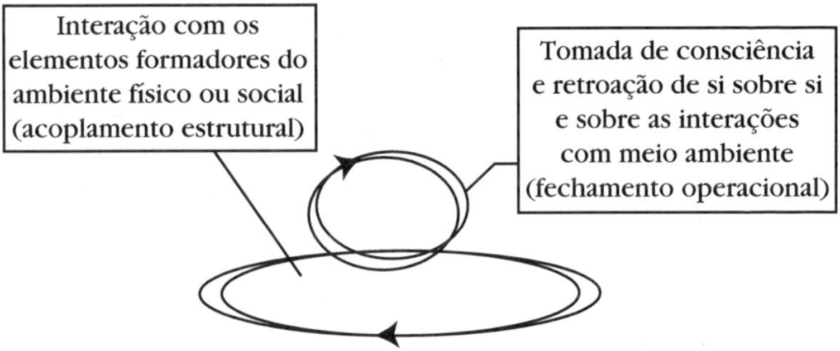

O duplo círculo imbricado da autoformação

A interação e a retroação reflexiva se entremesclam como hierarquias imbricadas. A combinação da *retroação reflexiva* da *autos* e das *interações* tripolares da formação constitui a base de uma concepção antropológica da formação. Essa dinâmica de morfogênese e de metamorfose das representações foi analisada por Gilbert Durand *como trajeto antropológico, "isto é, a troca incessante que existe no nível do imaginário entre as pulsões subjetivas e assimiladoras e as intimações objetivas que emanam do meio cósmico e social".*[4]

Para avançar numa abordagem transdisciplinar da autoformação, teremos em vista primeiro a pluralidade dos níveis de consciência reflexiva da *autos*, para em seguida abordar a pluralidade dos níveis de interação que compõem a formação.

II. Pluralidade dos níveis de consciência reflexiva da autos

O círculo reflexivo da autos não designa apenas o indivíduo ou o eu psicológico, mas também a pessoa, concebida co-

[4] Idem, ibidem.

mo lugar de relação, e o sujeito consciente. A reflexividade da autos remete a uma pluralidade de níveis de consciência e de atualização da originalidade pessoal. Poderíamos definir provisoriamente a autos como uma consciência original emergindo e retroagindo sobre os processos que a fizeram nascer. A autos, ou si, não é uma realidade substancial e localizável, mas uma emergência, uma originalidade em relação.[5] O prefixo auto remete não apenas ao eu psicológico, mas a uma pluralidade de níveis que podem ser enunciados conforme os diferentes regimes do trajeto antropológico.[6]

Regime diurno do trajeto antropológico: a autoformação como manifestação de si

A autoformação começa com as primeiras oposições do sujeito face aos determinantes herdados do meio ambiente. O regime diurno da autoformação corresponde a esse nível de realidade no qual o sujeito emerge de maneira heróica opondo-se aos determinismos.[7] Nesse nível, a autoformação se atualiza como uma egoformação. A atualização heróica e diferenciadora do sujeito se exprime pela afirmação do eu[8], pela autodireção das aprendizagens[9], ou ainda pela manifestação de um sujeito social que aprende[10].

Mas, correndo o risco de cair no autismo, o trajeto antropológico da autoformação deve, necessariamente, passar da oposição a uma cooperação entre o sujeito e o meio ambiente.

Regime noturno sintético do trajeto antropológico: a autoformação como desenvolvimento cooperativo com o meio ambiente

Uma outra dimensão da autoformação se encontra num

---

[5] Francisco Varela, *L'Inscription corporelle de l'esprit: sciences congnitives et expériences humaines*, Paris, Seuil, 1993.

[6] Pascal Galvani, *Quête de sens et formation, Anthropologie du blason et de l'autoformation*, L'Harmattan, Paris, 1997.

[7] Idem, ibidem, cap. 3.1.

[8] Michel Lacroix, *Le Développement personnel*, Paris, Flammarion, col. Dominos, 2000.

[9] Carre P., Moisan A., Possion D., *L'Autoformation: psychopédagogie, ingénierie, sociologie*, Paris: PUF, 1997.

[10] Joffre Dumazedier, La Méthode d'entraînement menstal, em Sorel, *Pratiques nouvelles en éducation et en formation*, Paris, L'Harmattan, 1994, pp 79-94 et Georges Le Meur, *Les Nouveaux autodidactes: néoautodidaxie et formation*, Lyon: Chronique Sociale, 1998.

regime noturno organizado por leis de complementaridade do sujeito e do objeto para desenvolver-se no tempo[11]. Esse nível de atualização da autoformação se dá a partir de cooperações. Ele se regula mais numa dinâmica de desenvolvimento gradual no tempo que numa dinâmica de manifestação. Muitas abordagens da autoformação atualizam de maneira dominante esse regime: as prática de *autoformação recíprocas*[12], ou os grupos de *praxiologia*[13].

Regime místico do trajeto antropológico: a autoformação como consciência fusional de uma participação no ser

O último regime do trajeto antropológico identificado por Gilbert Durand é o da fusão do sujeito e do objeto. Esse regime se caracteriza pela interiorização fusional do meio ambiente[14] numa consciência participante que transgride todas as separações do sujeito e do objeto. Essa integração é um processo de individuação, ou, dito de outro modo, de dissolução das fragmentações engendradas pela consciência egocêntrica. É a *experiência de Si*[15] na mística ou na poesia. É a *experiência visionária* na criação científica e artística[16].

O paroxismo do regime noturno místico se realiza quando a transação entre a pessoa e o meio ambiente não é mais suportada nem por uma intencionalidade nem por representações. Ela é literalmente sem formas e *sem idéias*[17]. Ela corresponde às abordagens de dissolução do ego nas práticas de desenvolvimento pessoal[18]. Ela é vivida na presença *total do ato*[19], na participação do *jorrar do instante*[20], ou ainda na *cons-*

[11] Pascal Galvani, *Quête de sens et formation anthropologie du blason et de l'autoformation*, L'Harmattan, Paris, 1997, cap 3.2.
[12] Marc et Claire He, *Echanger les savoirs*, Paris: Desclée de Brouwer, 1992.
[13] Payette A. & Champagne C., *Le Groupe de codéveloppement professionnel*, Presses d l'Université du Québec, 1997; St-Arnaud Yves, *Connaître par l'action*, Montréal, Les presses de l'Université de Montréal, 1992; Alexandre Lhotellier, «Action, praxéologie et autoformation», dans *L'Autoformation en chantiers, revue Education Permanente* nº 122, 1995, pp: 233-243.
[14] Galvani Pascal, 1997, idem, ibidem, cap. 3.3.
[15] Louis Gardet & Olivier Lacombe, *L'Expérience du soi*, Paris, Desclée de Brouwer, 1981.
[16] Michel Ramdon, *L'Art visionaire*, Paris: Philippe Lebaud éditeur, 1991.
[17] François Jullien, *Une Sage est sans idée, ou l'autre de la philosophie*, Paris, Seuil, 1998.
[18] Michel Lacroix, *Le Développement personnel*, Paris: Flammarion, col. Dominos, 2000.
[19] Louis Lavelle, *La Conscience de soi*, Paris, Grasset, 1933.
[20] Gaston Bachelard, *L'Intuition de l'instant*, Paris, Gauthier, 1932, (Stock 1992).

ciência meditativa purificada de toda a intencionalidade[21].

Hierarquias imbricadas dos níveis de consciência da autos

A *autos* pode se referir ao eu, mas pode se referir também ao sujeito, ou ainda à originalidade viva de cada pessoa, que não necessariamente egocêntrica. Assim, o prefixo *auto* não pode ser traduzido simplesmente por sujeito, ego, self, si, etc. Uma perspectiva transdisciplinar, abrindo para os diferentes níveis de realidade, permite que consideremos que esse prefixo remete a diferentes níveis de consciência, cada um dos quais tendo suas próprias leis e sua própria coerência. No seu livro *La Conscience de soi*, o filósofo existencialista Luis Lavelle desenvolveu detalhadamente como os níveis de consciência do sujeito são heterogêneos e ao mesmo tempo ligados por hierarquias imbricadas. Uma citação, um pouco longa, do seu *Manuel de méthodologie dialectique*, se justifica aqui tanto pela sua pertinência quanto pela dificuldade que se tem de encontrar essa obra. *"A consciência deve ser definida pela relação interna entre o sujeito psicológico, o sujeito transcendental e o sujeito absoluto. A palavra sujeito (...) não designa nada mais senão o centro em relação ao qual examinamos o real considerado em sua totalidade. O sujeito psicológico é o centro de toda perspectiva individual; o sujeito transcendental, o centro de toda perspectiva em geral; o sujeito absoluto, o centro sem perspectiva, consequentemente, não mais o centro abstrato de todas as perspectivas particulares, mas o centro concreto que as abole ao mesmo tempo que as fundamenta. Ora, onde está a consciência? (...) A consciência resulta, poderíamos dizer, de uma circulação entre esses três aspectos do mesmo sujeito. O sujeito psicológico reconhece sua própria individualidade no momento em que ele percebe sua limitação, isto é, no momento em que o sujeito transcendental o toma como objeto e o ultrapassa; o sujeito transcendental, por sua vez, só pode ser definido pela limitação do caráter perspectivo, em geral, que faz com que ele seja, mas que o obriga a se ultrapassar. O que, numa linguagem*

[21] Jidhu Krishnamurti, *Journal*, Paris, Buchet-Chastel, 1992.

mais elementar, implica que a consciência sempre resulta da relação viva que se estabelece em cada um de nós entre o indivíduo, o homem (ou, mais precisamente, o ser finito em geral) e o ser absoluto, sem que seja possível atribui-lo a nenhum dos três termos senão em sua relação com os outros dois (...)". (Lavelle 1962, p. 59) Não pode haver sujeito puramente psicológico, pois ele deve ter do sujeito transcendental a consciência que ele tem de si mesmo. Eu só tenho consciência de mim mesmo porque um nível superior *(sujeito transcendental)* me permite me pensar como *eu* entre outros *eus* e, portanto, integrar a possibilidade de outros centros de perspectiva sobre o real. Mas, além disso, essa possibilidade de todas as perspectivas sobre o real só se justifica pelo sujeito absoluto estranho a todas as perspectivas e que contém a todas.[22]

A autoformação deve ser apreendida a partir dos níveis biológicos, psicológicos e sócio-antropológicos (Morin, 1986), que são níveis de resistência correspondentes a leis diferentes, embora estando ligados por um fluxo de informação transpessoal que obriga a postular uma zona de não-resistência absoluta[23]. O objetivo deste artigo não é desenvolver uma conceitualização mais precisa dos níveis de consciência da *autos*, mas reconhecer a pluralidade desses níveis, bem como seu imbricamento ligado aos processos de tomada de consciência, de interiorização e de descentração.

A pesquisa sobre os níveis de realidade da *autos*, que permanece pouco desenvolvida no Ocidente, se beneficiará dos aportes das outras culturas. A autoformação na perspectiva confuciana insiste, por exemplo, na necessidade de harmonização ética dos diferentes níveis de atualização do si físico, psíquico, pessoal, social e cósmico.[24]

III. Pluralidade dos níveis de realidade da formação

Como a *autos*, a formação também diz respeito a vários níveis de realidade. A formação pode ser definida como a his-

[22] Louis Lavelle, *La Conscience de soi*, Paris: Grasset, 1933.
[23] Basarab Nicolescu, *O Manifesto da Transdisciplinaridade*, Ed. Triom, São Paulo, 2ª ed., 2001.
[24] Kyung Hi Kim, 2000, *Learning for What: a Confucian Persuit of Self-Learning*, communication au second symposium mondial sur l'autoformation à Royaumont.

tória dos acoplamentos estruturais (ou interações) de um ser com seu meio ambiente físico e social[25]. São esses acoplamentos estruturais que dão forma à pessoa e que fazem com que as representações que ela constrói do mundo, dos outros e dela mesma se manifestem. Ela é a manifestação (morfogênese) e a transformação (metamorfose) das formas que estruturam a pessoa na sua interação com o meio ambiente. Ora, a epistemologia genética e a antropologia cognitiva nos mostram que as representações se constróem em diferentes níveis de interação com o meio ambiente. Assim, podemos considerar que a formação comporta vários níveis de realidade constituídos por diferentes níveis de interação entre a pessoa e o meio ambiente.

Podemos citar provisoriamente três níveis de interação formadora entre a pessoa e o meio ambiente: o nível prático do gesto, o nível simbólico do imaginário e o nível epistêmico do conceito. Esses três níveis de interação correspondem a três níveis de representação e de manifestação do sentido: a imagem (o sentido como percepção), o gesto (o sentido como orientação) e o conceito (o sentido como significação).

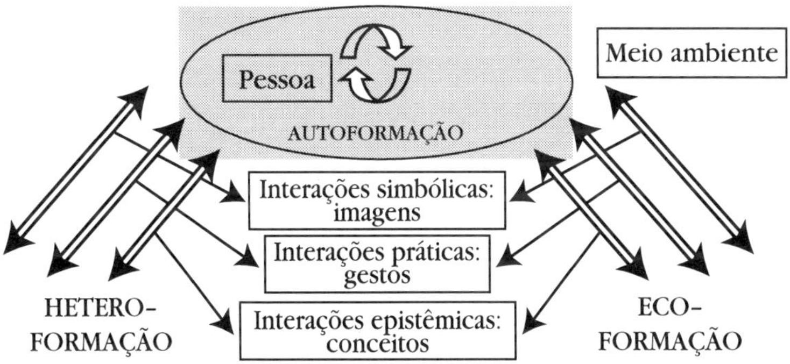

O nível das interações simbólicas corresponde a uma razão sensível. Ele é composto pelas formas, pelas imagens e pelos símbolos com os quais entramos em ressonância, que nos colocam em forma e com os quais produzimos sentido.

O nível das interações práticas corresponde a uma razão

[25] Galvani Pascal, 1997, idem, ibidem, cap.1.

experiencial. Ele é composto pelos gestos, pelos esquemas operatórios físicos e mentais que nos estruturam e também nos permitem interagir com o meio ambiente.

O nível das interações epistêmicas corresponde a uma razão formal. Ele é composto pelos saberes formais e pelos conceitos que nos estruturam nas trocas com o meio ambiente social e cultural.

Esses diferentes níveis da formação não estão separados, mas estão ligados entre si como os níveis da autos. Para a psicologia genética, os esquemas de interação sensório-motores se interiorizam em imagens, depois em linguagem. A abordagem antropológica das representações mostra que os conceitos da razão epistêmica são cristalizações convencionais dos gestos e das imagens simbólicas[26]. A abordagem ecossistêmica do laço social[27] mostra que ela se estrutura pela interação de três operadores: o rito (nível operatório dos gestos), o mito (nível imaginário dos símbolos) e episteme (nível racional dos conceitos).

Seguindo a ordem de primazia antropogenética, a autoformação seria definida pela interiorização (tomada de consciência, descentração, abstração) dos níveis de interação entre a pessoa e o meio ambiente:

- nível prático das interações sensório-motoras: a autoformação se atualiza como tomada de consciência dos esquemas de interação operatórias gestuais e também intelectuais, sociais, afetivas;

- nível simbólico das interações imaginária e mitopoética: a autoformação se atualiza como tomada de consciência das formas simbólicas (Galvani 1997) e dos relatos históricos[28]. Neste nível, a autoformação é a tomada de consciência das histórias, lendas e hábitos pessoais, familiares, sociais e culturais que nos formaram e nós formamos e transformamos;

[26] Durand, 1969, Alleau 1982, Jousse 1974.
[27] Miermont, 1993.
[28] Gaston Pineau, *Temporalités en formation. Vers de nouveaus synchroniseurs*, Paris, Anthropos, 2000.

Níveis de realidade ou de interação entre a pessoa e o meio ambiente	**Níveis de representação** e tipos de razões	**Níveis de consciência**	**Regime do trajeto antropológico da formação**
Epistêmico: Saberes formais, corpos de conhecimentos reconhecidos numa determinada sociedade: Informação (Legroux 1981) Saber-episteme (Lerbet 1992) Episteme (Miermont 1993)	**Semiótico:** Razão formal (Denoyel 1999) Processo de inferência do sentido por dedução	**Refletido:** Por tomada de consciência e de distância pela analise reflexiva	**Diurno** Esquema: distinção, oposições das polaridades (sujeito-objeto)
Prático: Saber (Legroux 1981) Saber-interface (Lerbet 1992) Ritual (Miermont 1993)	**Experiencial:** Razão experiencial (Denoyel 1999) Processo de inferência do sentido por indução/abdução	**Interativo:** Semi-consciente por combinações de reflexos e de reflexão na e sobre a ação	**Noturno Sintético** Esquema: articulação e complementaridade dos pólos no tempo
Simbólico: Conhecimento (Legroux 1981) Saber-gnose (Lerbet 1992) Mitos (Miermont 1993) Fantasia (Bachelard 1989)	**Mitopoético:** Razão sensível (Denoyel 1999) Processo de inferência do sentido por transdução	**Participativo:** Por ressonâncias mitopoéticas das formas da experiência da imaginação ativa e criadora	**Noturno Místico** Esquema: fusão das polaridades

- nível da linguagem conceitual epistêmica: neste nível, a autoformação é o processo de análise e de produção de significados a partir de sua experiência. Este nível é particularmente desenvolvido na formação experiencial com predominância racional e científica. Trata-se de colocar à distância, de analisar, de confrontar o saber subjetivo com a análise e a coerência lógico-formal.

Apesar da importância dos níveis simbólico e prático, a maioria dos trabalhos sobre a autoformação ainda está centrada no nível epistêmico dos saberes formais. Esse desequilíbrio se explica tanto pelo domínio do imaginário social tecnocientífico quanto pelo peso predominante dos financiamentos de pesquisas ligadas aos dispositivos formais de formação. No entanto, os trabalhos antropológicos mostram que o nível epistêmico provavelmente é o mais superficial. A *episteme* social instituída é profundamente estruturada tanto pelo imaginário simbólico, que é sua origem instituinte[29], quanto pelo sentido prático que forma a pessoa e a cultura no cotidiano[30].

IV. A exploração dos níveis de retroação reflexiva da autoformação

A partir dessa base de definição conceitual da autoformação como consciência original emergente dos três níveis de interação com o meio ambiente, podemos tentar abrir uma pista metodológica para 'trabalhar em formação'[31]. Essa pista me parece ser a *exploração intersubjetiva dos níveis de autoformação.* Ela se enraíza para mim numa prática de animação de ateliês de práticos[32] que integra várias abordagens teóricas e metodológicas[33].

Para levar em conta os diferentes níveis de realidade da formação, a exploração da autoformação deve se fazer segundo formas diferentes em função do nível de interação ao qual ela se aplica.

As práticas de exploração intersubjetivas da autoformação se distinguem conforme o nível de realidade que elas privilegiam, em função do qual elas constróem suportes diferentes e *produzem níveis de representação diferentes cujos critérios de validade são heterogêneos.* No entanto, elas estão interligadas pelo terceiro incluído da dinâmica de interiorização e de retroação da *autos* que lhes dá uma estrutura comum:

- organizar um retorno reflexivo sobre a experiência a par-

[29] Cornelius Castoriades, *L'Institution imaginaire de la societé*, Paris, Seuil, 1975.
[30] Edward T. Hall, *La Dimension cachée*, Paris, Seuil, 1971; Marcel Jousse, *L'Anthropologie du geste*, Paris, Gallimard, 1974; François Jullien, *Traité de l'efficacité*, Paris, Grasset, 1996.
[31] Bernard Honore, *Vers l'œuvre de formation: l'ouverture à l'existence*, Paris: L'Harmattan, 1992.
[32] Pascal Galvani, *Accompagner l'autoformation, une démarche et ses variantes didactiques, pratique et symbolique*, em *Nouvelle Revue de l'AIS*, ed. Centre National de Suresnes, 2000-a.
[33] As práticas listadas aqui não pretendem ser exaustivas, mas são citadas a título de ilustração. Ademais, algumas dessas abordagens apresentam variantes que respondem a vários níveis de autoformação que seriam muito longos para detalhar aqui.

tir de um suporte metodológico cuja orientação pode ser: epistêmica, prática ou simbólica;

- solicitar uma produção pessoal para um suporte coerente com o nível de formação visado (análises críticas, relatos de práticas, histórias de vida, elaboração do brasão, simbolização, etc);
- articular o pessoal e o coletivo numa troca socializada a partir das produções pessoais;
- mediatizar o cruzamento e a troca das produções pessoais para: pluralizar os pontos de vista, ativar a tomada de consciência das diversas construções da realidade, produzir efeitos emancipadores de tomada de consciência dos a *priori*, dos hábitos, dos etnométodos, etc.

Portanto, trabalhar na formação consiste em:

- fazer um lugar para a autoformação das pessoas: reconhecê-la e reunir as *artes do fazer cotidianas* da formação[34];
- propor abordagens e suportes de formalização;
- criar mediatizações entre a autoformação, a co-formação e os saberes formalizados (científicos, técnicos, poéticos, filosóficos, espirituais, mitológicos, etc) numa perspectiva transdisciplinar.

Todas essas abordagens de exploração intersubjetiva da autoformação se caracterizam por um *retorno reflexivo sobre a experiência*, por uma *exploração coletiva* e pelo *cruzamento interpessoal e intercultural das produções de saber.* Essas abordagens têm em vista a *tomada de consciência e de poder das pessoas sobre sua própria autoformação em suas diferentes dimensões.*

Dito de outro modo, os diferentes níveis de autoformação não devem ser vistos como uma topografia horizontal que separa as práticas em espaços delimitados. Trata-se de uma pluralidade vertical de níveis que compõem a autoformação de manei-

[34] Michel de Certeau, *L'Invention du quotidien, 1. Arts de faire*, Paris, Gallimard, 1990.

	Abordagens	Objetivos dominantes	Práticas de exploração intersubjetiva da autoformação
Nível epistêmico	Reflexão intelectual analítica aplicada à experiência. Teorização da prática.	Conscientização das conceitualizações implícitas. Produção de saberes críticos autorizando os sujeitos a participar no debate intelectual. Transformação da prática pelo contorno reflexivo teórico.	Arrebatamento mental (Dumazedier 1994); Aprendizagem experiencial (Kolb dans Courtois et Pineau 1991); Autobiografia refletida e conselho metodológico para a produção de saberes de pesquisadores práticos (Desroche 1990; Chartier & Lerbet 1993).
Nível prático	Exploração e conscientização dos modos de interação pessoa, meio ambiente.	Conscientização dos saberes de ação. Desenvolvimento da habilidade na interação. Transferência e transformação dos modos operativos.	Ateliê de práticos reflexivos e de praxiologia (Schön 1994; St-Arnaud 1992; Lhotellier 1995); Formação experiencial (Courtois & Pineau 1991); Co-desenvolvimento profissional (Payette & Champagne 1997); Conversações de explicitação (Vermersch 1994).
Nível simbólico	Hermenêutica instaurativa do sentido simbólico da experiência.	Conscientização das simbolizações pessoais e culturais da formação.	Histórias de vida em formação (Pineau 2000); Ateliê de exploração do imaginário em formação pelo brasão (Galvani 1997); Ateliês de Haïkus em formação (Lhotellier 1991).

ra concomitante e coerente. Como os níveis quântico e macrofísico que compõem o real conforme ordens de realidade heterogêneas mas interligadas por um terceiro incluído[35], a formação faz referência a níveis de representação com leis heterogêneas, embora interligadas pela atualização da autoformação e pela dinâmica do terceiro incluído simbólico.

V. Por uma exploração transcultural da autoformação

Para operar a passagem para uma abordagem transcultural da formação, é necessário levar em conta a dimensão simbólica. A imaginação simbólica é o terceiro incluído de toda representação humana. O modo de representação do símbolo pelo seu caráter transdutivo é, de fato, ao mesmo tempo transpessoal, transdisciplinar e transcultural. O imaginário simbólico funciona por interferência transdutiva do sentido. O sentido passa do singular a outro singular sem passar por uma lei, por um princípio ou por um conceito geral. As formas, os gestos e as imagens artísticas, por exemplo, produzem um sentido que coloca em ressonância as experiências singulares de cada um através da imagem, da música ou da canção. Portanto, o símbolo é transdisciplinar, no sentido em que ele jamais limita o sentido a um único nível de realidade. Assim, toda imagem simbólica é essencialmente multirreferencial. O símbolo do círculo, por exemplo, pode tanto remeter a significações geométricas quanto a significações metafísicas, ou ainda a significações éticas. O símbolo nos orienta para ordens de realidade múltiplas (moral, poética, espiritual, etc), sem ser limitado a designar um referente particular tirado da experiência comum.

O símbolo tem a capacidade de significar uma mesma idéia conforme todas as ordens possíveis de realidade, pois nenhuma delas é, a *priori*, designada como ordem de referência objetiva. Consequentemente, a perspectiva referencial do símbolo não é fixada a *priori* nem é unívoca: ela é *"essencialmente múltipla (...) é, no fundo, considerar a significação do*

[35] Basarab Nicolescu, idem, ibidem.

símbolo como essencialmente potencial; em outras palavras, o símbolo é, em sua essência, uma potencialidade semântica"[36]. Essa potencialidade semântica do símbolo assegura uma abertura para o real. Como diz René Alleau: *"a realidade não exige de nós que a reduzamos aos limites do nosso pensamento: ela nos convida, antes, a nos fundirmos na ausência dos seus [limites]. Assim, a palavra sempre velada do símbolo pode nos proteger do pior dos erros: o da descoberta de um sentido definitivo e último das coisas e dos seres."*[37]

A imaginação simbólica como matriz transcultural da formação

Assim, o símbolo é a fonte de todo o conhecimento humano. Desse ponto de vista, as representações epistêmicas científicas, as representações gestuais e ritualísticas, bem como as representações míticas de cada cultura nada mais são que cristalizações da potencialidade semântica inesgotável do símbolo. Então, o imaginário não é uma faculdade local do psiquismo humano, mas sim a matriz de todos os processos de conhecimento.

A imaginação simbólica comporta uma dimensão transcultural porque seu modo de significação se funda nas homologias antropológicas entre as formas humanas e as formas do meio ambiente cósmico. Não há dúvida de que cada símbolo também se encontra numa história cultural que lhe dá uma coloração e um valor específico, mas seu modo de significação não é fundamentalmente convencional como aquele do signo semiótico. O modo de significação do símbolo é prioritariamente experiencial, fundado na experiência humana do mundo. Assim, para Gilbert Durand, é justamente pelo fato do ser humano ser um ser vertical, cuja experiência do mundo constituiu-se pela postura ereta, que ele organiza seu conhecimento diurno sobre o esquema da verticalidade e da oposição heróica entre as trevas ctonianas e as luzes celestes. Os símbolos da ascensão, sempre associados à busca da luz, sempre significam um *mais de humanidade* e isso qualquer que sejam as culturas enfocadas (de fa-

---

[36] Jean Borella, *Le Mystère du signe*, Paris, Maisonneuve et Larose, 1982, p. 224.
[37] René Alleau, 1982, idem ibidem, p. 21.

to, nenhuma cultura considera o ato de rastejar como um ato positivo). O símbolo, devido à ressonância entre as formas humanas e cósmicas, é uma dimensão transcultural. Assim, é muito fácil traduzir os contos e as lendas, pois eles se expressam mais por meio de gestos experienciais (subir uma montanha, descer num abismo, combinar os opostos, etc) do que por meio de conceitos ou de noções convencionais.

Condições de uma hermenêutica transcultural da formação

Isso posto, em que condições podemos desenvolver uma exploração transcultural da formação? Sem ter a pretensão de responder completamente a uma questão tão imponente, nos contentaremos em destacar os pontos chaves para uma abordagem que poderíamos resumir assim:

- abrir círculos de palavra transculturais e
- explorar a experiência da formação
- a partir de uma hermenêutica instaurativa
- que privilegia mais o sentido experiencial antropológico do símbolo do que suas cristalizações culturais.

Abrir círculos de palavra transculturais para explorar a formação humana

Nas culturas ameríndias, o *círculo de palavra* é o espaço onde o grupo estabelece o conselho. Não se trata de um debate polêmico, mas de um lugar de exploração coletiva do sentido da experiência vivida. Nos contextos multiculturais contemporâneos, as diferentes abordagens de autoformação (histórias de vida, brasão, grupo de praxiologia, etc) poderiam servir de base para a abertura de círculos de palavra transculturais. Tratar-se-ia então de abrir uma exploração transpessoal, transdisciplinar e transcultural da antropoformação. Podemos imaginar a reunião de grupos multiculturais para a exploração da autoformação no que concerne a questões fundamentais. Como nos tornamos um ser humano? O que é o caminho do ser humano? Qual é o lugar do sonho, do pensamento, da ação, da experiência, etc, nesse processo de formação?

Tratar-se-ia de desenvolver uma antropologia transcultural da formação suscetível de provocar uma transformação interna pela confrontação das visões do mundo que ela supõe. Abordagem implicadora, pois ela obriga a se descentrar, ao relativizar seus próprios valores culturais herdados.

"Longe de ser uma disciplina que pode ser estudada 'do exterior', a antropologia cultural da educação passa por 'caminhos que levam para o interior', como dizia Novalis a respeito da poesia, e implica, de uma maneira ou de outra, no questionamento da constelação das representações e dos hábitos do sujeito, pela aquisição de conhecimentos e pela produção, mais que a reprodução, de um saber necessariamente complexo."[38]

Para René Barbier, a antropologia da educação, pelo encontro de *outras* culturas, obriga a um descentramento em relação aos hábitos e valores herdados e coloca a questão da transformação da *"existencialidade interna* como constelação dinâmica de valores, de símbolos, de mitos, de *visões do mundo*, que um sujeito põe em ação no seu cotidiano e que tece assim um *banho de sentido* relativamente estruturado".[39] Essa existencialidade interna corresponde, por Barbier, à imaginação sacra. Ela necessita de uma *antropologia poética da educação* "que visa o estudo dos processos das relações humanas, das formas de sociabilidade e dos sistemas de valores, especialmente das culturas distantes ou 'outras', em suas relações com a sensibilidade simbólica ou mítica do ser humano considerado como um ser que aprende através da educação permanente".[40] O interesse da antropologia do imaginário é, então, apreender melhor o processo de formação em sua dimensão pessoal e existencial.

Aliás, o caráter vital do processo de formação é que pede uma abordagem antropológica. Mesmo que a dimensão cultural deva ser levada em conta numa abordagem comparativa, nós não nos prendemos a uma comparação dos sistemas educativos e de socialização, mas antes às variações e às constantes do pro-

[38] René Barbier, *L'Anthropologie culturelle et existentielle de l'education à l'université*, Biennale de l'éducation et de la formation, Paris: Sorbonne, 1994, document ronéoté, p. 1.
[39] René Barbier, idem, ibidem.
[40] René Barbier (sous la direction de), *Le Devenir du sujet en formation: l'influence des cultures "autres" qu'occidentales Pratiques de formation* nº 21-22, Université Paris VIII, 1991.

cesso de interação imaginária entre a pessoa e o meio ambiente (físico e social). Essa perspectiva antropológica foi desenvolvida por Gilbert Durand a partir dos trabalhos de Piaget para a psicologia genética, dos trabalhos de Gaston Bachelard sobre o imaginário dos elementos, bem como dos aportes da antropologia do sagrado (M. Eliade, H. Corbin).

A experiência vivida numa outra cultura é a base da antropologia cultural clássica, cuja dificuldade principal é sair dos preconceitos etnocentristas. Com efeito, o próprio projeto de um discurso científico (proveniente dos quadros conceituais históricos de uma determinada sociedade) que se impõe a outra sociedade permanece uma clara violência simbólica. Também é preciso tentar uma antropologia do interior, que exploraria a experiência vivida da troca transcultural.

Talvez tenha chegado o momento da antropologia se voltar para o interior. Antes de *estudar* os outros, é urgente explorarmos nossa visão do mundo e suas transformações, com as consequências filosóficas, socioeconômicas, ecológicas e espirituais que elas implicam. Uma antropologia da *intercompreensão da experiência vivida* deve ser inventada, pois hoje em dia todos são conduzidos a viver a *experiência transcultural*. As trocas transculturais contemporâneas com as culturas tradicionais (ameríndias, asiáticas, africanas, etc) podem assim abrir o mundo ocidental para uma visão do mundo muito antiga. Uma visão que privilegia mais a experiência e a tomada de consciência do que uma descrição do real. Uma visão que assume que todas as descrições (racionais ou simbólicas) são construções do imaginário visionário, que nos ligam ao real, mas que são infinitamente ultrapassadas pelo real.

Nas culturas ameríndias, é a experiência que ensina diretamente. Se os índios não explicam, não é por gosto do segredo, mas porque a experiência é mais rica do que todas as palavras que qualquer pessoa coloca a respeito dela. Ninguém possui a legitimidade de impor sua representação limitada do real a quem quer que seja. A experiência ameríndia do mundo, como a de todas as culturas xamânicas, partilha com a perspectiva científica transdisciplinar uma atenção para o que é *trans*, isto é: entre, além e através de todas as formulações, quer elas sejam culturais, religiosas, filosóficas ou poéticas.[41] Encontramos aqui um dos princípios da transdisciplinaridade que *"reconhece a multiplicidade de vias de conhecimento que representa um tal diversidade para a humanidade inteira. Nesse sentido, ela abre para o nascimento de uma visão aberta (...). Ao invés de excluir, a abordagem transdisciplinar nos revela o jogo das inclusões."*[42]

Essa visão não está completamente ausente nem é estranha ao patrimônio ocidental, mas ela foi marginalizada. Hoje, ela entra em ressonância com a abordagem transdisciplinar das ciências as mais contemporâneas[43]. Dar a cada coisa a atenção que lhe é devida, viver a experiência como uma prova de sentido a decifrar, perceber a multiplicidade dos níveis de realidade e dos níveis de consciência, são outros tantos elementos constitutivos das culturas primeiras e da visão transdisciplinar. Foi assim que a experiência de vida num contexto ameríndio me abriu para as dimensões antropológicas, existenciais e simbólicas de toda formação humana.[44]

Para muitos observadores as *culturas primeiras* (ameríndias, australianas, africanas, asiáticas ou siberianas), são culturas do porvir. Elas são portadoras de respostas essenciais às questões e aos problemas ecológicos, filosóficos e espirituais mundiais com os quais temos de nos confrontar. Como diz o antropólogo Jean Malaurie:

> *A história tem dessas ironias! O colonizador ocidental e norte-americano, materialista, sem espiritualidade, indiferente à infelicidade dos desempregados que sua indústria robotizada gera, será cada vez mais chamado, nos momentos de dúvida, a se voltar para esses povos primeiros, ontem desprezados. Num primeiro movimento, ele é animado por um fervor ecológico. Em seguida, surpreende-se por descobrir homens e mulheres vivendo conforme uma filosofia na qual o acúmulo de bens não é considerada a virtude principal. (...)*

---

[41] Basarab Nicolescu, 2001, idem, ibidem; e *Le Cercle des Anciens des hommes médecine du monde entier autour du Dalaï Lama*, 1998, sous la direction de Van Eersel et Grosreym, Albin Michel, cap. 10.
[42] Edgar Morin em *Le Cercle des Anciens des hommes médecine du monde entiert autour du Dalaï Lama*, 1998, sous la direction de Van Eersel et Grosrey, Albin Michel, p. 387.
[43] Basarab Nicolescu, 2001, idem, ibidem.
[44] Pascal Galvani, 1997, idem, ibidem.

> *Os colonizados de ontem, vindos das profundezas, se acreditamos nos relatos míticos, serão chamados, amanhã, a serem contados entre os nossos mestres espirituais? Sem dúvida é preciso repensar a complexidade plural entre as crenças do sagrado. A unidade transcendente das religiões é uma obrigação ardente, enquanto no Ocidente nós sempre afirmamos que a verdade só podia ser única e a via estreita.* (Jean Malaurie, em Rostkowoski, 1998-19)

Numa época de comunicação globalizada, na qual todas as culturas e tradições espirituais se esbarram, a capacidade das culturas primeiras (particularmente das culturas ditas xamânicas) em se centrar na experiência mais do que nas formulações verbais, é um recurso do porvir. As práticas pós-modernas de exploração intersubjetiva da formação (histórias de vida, brasões, etc) encontram um paradigma 'não moderno' que se traduz por um interesse crescente pelas *culturas outras*[45] orientais, africanas e ameríndias. (Galvani, 1997 e 2000-b)

... com uma hermenêutica instaurativa

A hermenêutica instaurativa é uma maneira de compreender e de interpretar o símbolo pelas associações e ressonâncias que remetem de uma imagem à outra. Não se trata de impor uma grade de leitura para o símbolo, mas de explorar a si mesmo pelas significações múltiplas que ele instaura em si. Podemos ilustrar essa abordagem hermenêutica através de qualquer obra de arte. Diante dessa obra, a hermenêutica instaurativa não consiste em buscar uma significação causalista que 'explicaria' a aparição da obra, mas, ao contrário, em expressar as significações necessariamente infinitas que ela instaura ou que ela produz naqueles que a contemplam. É fácil compreender que só esse tipo de hermenêutica é coerente com uma abordagem transcultural.

Num círculo de palavra transcultural, não se trata de buscar a causa ou a explicação de um símbolo ou de um mito. Não

[45] René Barbier, (sous la directin de), 1991, idem, ibidem.

se trata de explicar porque tal pessoa ou tal cultura o produziu. Trata-se, ao contrário, de explorar os diferentes significados que ele revela aos participantes. Cada imagem simbólica, explorada em sua pluralidade, revela novos sentidos e nos revela para nós mesmos. É então o símbolo que, de uma certa maneira, 'interpreta' o hermeneuta. A hermenêutica instaurativa opera uma inversão epistemológica. Em sua inversão epistemológica, a hermenêutica instaurativa torna-se, no sentido próprio, uma abordagem existencial.

Na exploração transpessoal e transcultural, nenhum dos participantes pode ser detentor de um sentido a aplicar às produções dos outros. Ao contrário, a exploração transcultural implica que os significados produzidos pelos símbolos de uns e de outros entre em ressonância a partir do ancoramento histórico e cultural de cada um (Galvani, 1997, cap. 2). Nessa perspectiva, não há análise interpretativa das produções de cada um por uma pessoa ou pelo grupo, que tentaria, do exterior, extrair o seu sentido. A hermenêutica instaurativa se propõe a explorar o leque de significações sugeridas pelos símbolos, conforme o método da convergência. Num círculo de palavra transcultural, a análise coletiva dos brasões ou das histórias de vida é uma partilha, uma exploração coletiva das significações, que *cada participante descobre por si mesmo* em suas produções ou nas dos outros. A confrontação das hermenêuticas instaurativas pessoais faz então aparecer quanto as significações recebidas por cada um, embora diversas, ordenam-se ao redor de um feixe arquetípico coerente. É a ocasião de tomar consciência da dimensão transcultural do símbolo.

VI. A autoformação como objeto transpessoal, transdisciplinar e transcultural

Quero insistir aqui sobre a importância de interligar esses diferentes níveis de realidade da autoformação tanto no plano teórico quanto nas práticas de acompanhamento da autoformação. A autoformação supõe, por um lado, diferentes níveis de pilotagem do processo: por si *(autos)*, pelos outros *(hétero)*, pelas coisas *(eco)*; e, por outro lado, diferentes níveis da interação pessoa-meio ambiente: prática, simbólica, epistêmica. Então, parece necessário desenvolver uma abordagem transdisciplinar, transcultural e transpessoal da formação, sublinhando que a realidade designada pelo conceito de autoformação deve ser situada além, através e entre as disciplinas, as culturas, as pessoas.

Uma disciplina é um campo do saber que se define pelos níveis de realidade que resistem às representações. Nessa perspectiva, podemos definir as ciências da educação e da formação como o que resiste às diferentes representações teóricas e pedagógicas. Ora, o que resiste aos discursos pedagógicos se não a autoformação? Dito de outro modo, os discursos e debates teóricos da educação e da formação não passam de tentativas sempre imperfeitas de dar conta exatamente do que resiste a eles: a autorregulação da morfogênese e da metamorfose dos conhecimentos. O que resiste às representações dos filósofos, dos pedagogos e dos pesquisadores, é a autoformação ou a ação da pessoa sobre a morfogênese e a metamorfose de suas representações.

Um dos pontos essenciais da abordagem transdisciplinar é considerar que há muitos níveis de realidade. Quando se fala de níveis de realidade, designa-se uma ruptura do conjunto dos conceitos e das leis que funcionam e regem os diferentes níveis (por exemplo, os níveis quântico e macrofísico). Esses diferentes níveis de realidade, irredutíveis entre si, estão no entanto interligados por um fluxo de informação. Eles funcionam de maneira coerente, mas as leis que regem cada um dos níveis são radicalmente diferentes. A hipótese adiantada aqui é que a autoformação é um objeto transdisciplinar porque ela se refere a uma pluralidade de níveis de realidade. Com efeito, os níveis práticos, simbólicos e epistêmicos da representação se referem a critérios de validade heterogêneos, do mesmo modo que os níveis individual, pessoal e transpessoal da autos. Mesmo eles estando em interação constante, os níveis da autoformação se definem por conjuntos de leis (finalidade, critérios de validade, modalidade, relação com o tempo, etc) irredutíveis uns aos outros.

A autoformação necessita uma abordagem e uma metodologia transdisciplinares no sentido definido por B. Nicolescu, pois ela se refere a muitos níveis de representação correspondentes a outros tantos níveis de realidade da *formação*, bem como a diferentes níveis de consciência da *autos*.

A exploração intersubjetiva da autoformação, trabalhando a partir de uma abordagem mais fenomenológica, situa-se numa perspectiva transdisciplinar caracterizada pela: interação entre o sujeito e o conhecimento, consideração de causalidades sistêmicas e complexas e seus imbricamentos numa lógica do terceiro incluído.

Conceber a autoformação como um processo vital e permanente obriga a ultrapassar as perspectivas pedagógica ou sociológica da educação, para entrar numa perspectiva antropológica. Um processo vital e permanente deve concernir todos os seres humanos e ter uma dimensão transcultural. Portanto, a abordagem transdisciplinar da autoformação é potencialmente transcultural, no sentido em que ela abre a possibilidade de explorar a experiência da formação abrindo-se para o que está *entre*, *além* e *através* de todas as culturas.

VII. Bibliografia

ALLEAU René, 1982, *La Science des symboles*, Paris: Payot.

BACHELARD Gaston, 1932, *L'Intuition de l'instant*, Paris: Gauthier (Stock 1992).

BACHELARD Gaston, 1989, *La Poétique de la rêverie*, Paris: P.U.F.

BARBIER René, *L'Anthropologie culturelle et existentielle de l'éducation à l'université*, Biennale de l'éducation et de la formation, Paris: Sorbonne, 1994, document ronéoté.

BARBIER René, (sous la direction de), 1991, *Le Devenir du sujet en formation: l'influence des cultures 'autres' qu'occidentales*, Pratiques de formation nº 21-22, Université Paris VIII.

BARBIER René, 1997, *L'Approche transversale: l'écoute sensible en sciences humaines*, Paris: Anthropos.

BORELLA Jean, 1982, *Le Mystère du signe*, Paris: Maisonneuve et Larose.

CARRE P., MOISAN A., POISSON D., 1997, *L'Autoformation: psychopédagogie, ingénierie, sociologie*, Paris: PUF.

CASTORIADIS Cornelius, 1975, *L'Institution imaginaire de la société*, Paris: Seuil.

CERTEAU Michel de, 1990, *L'Invention du quotidien, 1. Arts de faire*, Paris: Gallimard.

CHARTIER & LERBET (coord.), 1993, *La Formation par production de savoir*, Paris: L'Harmattan.

COURTOIS et PINEAU, 1991, (coord.), *La Formation expérientielle des adultes*, La Documentation Française.

DENOYEL Noël, 1999, *Alternance tripolaire et raison expérientielle à la lumière de la sémiotique de Peirce*, em *Revue Française de Pédagogie*, n° 128, Paris: INRP, pp: 35-42.

DESROCHE Henri, 1990, *Entreprendre d'apprendre: d'une autobiographie raisonnée aux projets d'une recherche-action*, Paris: Les éditions ouvrières.

DUMAZEDIER Joffre, 1994, *La Méthode d'entraînement mental* em SOREL *Pratiques nouvelles en éducation et en formation*, Paris: L'Harmattan, pp: 79-94.

DURAND Gilbert, 1969, *Les Structures anthropologiques de l'imaginaire*, Paris: Dunod.

GALVANI Pascal, 1991, *Autoformation et fonction de formateur*, Chronique Sociale.

GALVANI Pascal, 1997, *Quête de sens et formation. Anthropologie du blason et de l'autoformation*, Paris: L'Harmattan.

GALVANI Pascal, 2000-a, *Accompagner l'autoformation, une démarche et ses variantes didactiques, pratique et symbolique*, em *Nouvelle Revue de l'AIS*, éd. Centre National de Suresnes.

GALVANI Pascal, 2000-b, *Apprendre enfin des indiens: une ouverture sur l'expérience transculturelle*, em *Marie Guyart de l'Incarnation, un destin transocéanique collectif* em GUIART, Paris & Montréal: L'Harmattan.

GARDET Louis & LACOMBE Olivier, 1981, *L'Expérience du soi*, Paris: Desclée de Brouwer.

HALL Edward T., 1971, *La Dimension cachée*, Paris: Seuil.

HALL Edward T., 1984, *Le Langage silencieux*, Paris: Seuil.

HEBER-SUFFRIN Marc et Claire, 1992, *Echanger les savoirs*, Paris: Desclée de Brouwer.

HONORE Bernard, 1992, *Vers l'œuvre de formation: l'ouverture à l'existence*, Paris: L'Harmattan.

JOUSSE Marcel, 1974, *L'Anthropologie du geste*, Paris: Gallimard.

JULLIEN François, 1996, *Traité de l'efficacité*, Paris: Grasset.

JULLIEN François, 1998, *Une Sage est sans idée, ou l'autre de la philosophie*, Paris: Seuil.

KIM Kyung Hi, 2000, *Learning for what: a Confucian Pursuit of Self-Learning*, communication au second symposium mondial sur l'autoformation à Royaumont.

KRISHNAMURTI Jidhu, 1995, *Journal*, Paris: Buchet-Chastel.

LACROIX Michel, 2000, *Le Développement personnel*, Paris: Flammarion, col. Dominos.

LAVELLE Louis, 1933, *La Conscience de soi*, Paris: Grasset.

LAVELLE Louis, 1962, *Manuel de méthodologie dialectique*, Paris: PUF.

LE CERCLE DES ANCIENS des hommes médecine du monde entier autour du Dalaï Lama, 1998, sous la direction de Van Eersel et Grosrey, Albin Michel, 428p.

LE MEUR Georges, 1998, *Les nouveaux autodidactes: néoautodidaxie et formation*, Lyon: Chronique Sociale.

LEGROUX Jacques, 1981, *De l'information à la connaissance*, Mesonance, n° 1-IV.

LERBET Georges, 1992, *L'École du dedans*, Paris: Hachette.

LHOTELLIER Alexandre, 1991, *La voie du Haïku dans la formation des adultes* em *Pratiques de Formation* n° 21-22, Université Paris VIII, pp: 149-159.

LHOTELLIER Alexandre, 1995, *Action, praxéologie et autoformation*, em *L'Autoformation en chantiers, revue Education Permanente* n° 122, pp: 233-243.

MIERMONT Jacques, 1993, *Ecologie des liens*, Paris: ESF.

MORIN Edgar, 1986, *La Méthode III – La Connaissance de la connaissance*, Paris: Seuil.

NICOLESCU Basarab, 1996, *La Transdisciplinarité – Manifeste*, Monaco: ed. Du Rocher. (O Manifesto da Transdisciplinaridade, Ed. Triom, São Paulo, 2001, 2ª edição).

PAYETTE A. & CHAMPAGNE C., 1997, *Le Groupe de codéveloppement professionnel*, Presses de l'Université du Québec.

PIAGET Jean, 1976, *La Formation du symbole chez l'enfant*, Neuchâtel: Delachaux & Niestlé.

PINEAU Gaston, 2000, *Temporalités en formation, vers de nouveaux synchroniseurs*, Paris: Anthropos.

RANDOM Michel, 1991, *L'Art Visionnaire*, Paris: Philippe Lebaud éditeur.

ROSTKOWSKI Joëlle, 1998, *La Conversion inachevée: les indiens et le christianisme*, Paris: Albin Michel, 429p.

SCHÖN Donald, 1994, *Le Praticien réflexif: à la recherche du savoir caché dans l'agir professionnel*, Montréal: éd Logiques.

ST-ARNAUD Yves, 1992, *Connaître par l'action*, Montréal: Les presses de l'Université de Montréal.

VARELA Francisco, 1989, *Autonomie et connaissance: essai sur le vivant*, Paris: Seuil.

VARELA, 1993, *L'Inscription corporelle de l'esprit: sciences cognitives et expérience humaine*, Paris: Seuil.

VERMERSCH Pierre, 1994, *L'Entretien d'explicitation*, Paris: ESF.

Conferência proferida no II Encontro Catalisador do CETRANS da Escola do Futuro da USP, no Guarujá, São Paulo, de 8 a 11 de junho de 2000

Patrick Paul, doutor em medicina, doutor em ciências da educação, mestre em ciências (microbiologia), especialização em antropologia médica, ex-pesquisador do Instituto Pasteur, professor associado da Universidade François Rabelais de Tours (França) no Laboratório de Ciências da Educação e da Formação e na Faculdade de Medicina, encarregado de cursos sobre medicina tradicional chinesa na Universidade Paris XIII, professor convidado na Escola de Saúde Pública de São Paulo.

A Imaginação como Objeto do Conhecimento

1. INTRODUÇÃO

A história das ciências mostra uma contradição flagrante no conceito da imaginação. Se até o século XVI ela era uma ferramenta do conhecimento que funcionava baseando-se no princípio da semelhança, a partir do século XVII transformou-se, segundo M. Foucault[1], na expressão da loucura, da fantasia e da ilusão.

Esta contradição sobrevive ainda hoje, pois o conceito do imaginário é valorizado nas sociedades não ocidentais, enquanto é desvalorizado na nossa. A abordagem antropológica é testemunha da importância do imaginário, dos mitos e dos sonhos nas culturas tradicionais.

Aliás, no seio da atividade científica, a imaginação, embora fazendo parte integrante da pesquisa, vê seu campo de aplicação depreciado em proveito exclusivo da racionalidade.

Num plano pessoal, uma pesquisa que estou desenvolvendo e que se apoia no mundo onírico, mostra que o sonho não é simples recalque neurótico, mas participa da antropoformação e, de certa maneira, de uma auto-iniciação. Mas não abordaremos diretamente aqui esta pesquisa, a fim de nos dedicarmos mais particularmente ao conceito do imaginário como um fio condutor implícito histórico, dividido em três períodos.

Este questionamento nos levará, em primeiro lugar, a nos interrogarmos a respeito do processo da hominização na préhistória, de maneira que, com isso, possamos perceber melhor as relações entre imaginação e cognição. Os mitos e sua natureza prolongarão nossa reflexão, na medida em que eles parecem participar do funcionamento mais íntimo do espírito e da socialização. Esta proposta será ilustrada pelo mito bíblico da criação de Adão e Eva, a fim de clarificar os fundamentos da

[1] Foucault M, *Les Mots et les choses, une archéologie des sciences humaines*, nrf, Gallimard, 1966.

imagem e da sua participação no processo de nominação.

Em segundo lugar, depois de Adão e Eva terem sido expulsos do paraíso, nos interrogaremos sobre a história da ruptura entre uma epistemologia do semelhante e uma epistemologia da diferença, ruptura que se consumou entre os séculos XIII e XIX. Esta separa a gnose holista e, depois, a *Naturphilosophie*, das epistemologias dualista e positivista. Embora durante todo esse período a reflexão sobre o conceito da *bildung*, no sentido da imaginação formadora e da busca de si mesmo, tenha sido minoritária, nos meios onde essa reflexão ocorreu o imaginário manteve um *status* mais positivo do que nos meios predominantes.

Por fim, a abordagem transdisciplinar parece poder nos fornecer o quadro teórico e prático capaz de responder à problemática atual da imaginação, ao mesmo tempo multidisciplinar, multi-referencial, complexa e paradoxal.

Três pontos podem resumir esta intervenção:

- Oferecer ao imaginário um novo *status*: o de possível 'objeto do conhecimento' para o sujeito que, em sua singularidade, imagina.

- Confirmar a importância da imaginação nas ciências da educação, principalmente pela noção de *bildung*.

- Ilustrar nas ciências humanas, de forma mais ampla, a metodologia transdisciplinar, na medida em que o imaginário pode ser concebido precisamente como interação entre os diferentes níveis de realidade do Objeto e os diferentes níveis de percepção do Sujeito.

2. A HOMINIZAÇÃO: PRÉ-HISTÓRIA E MITO

2.1 A pré-história

A hominização, desde a pré-história mais remota, é compreendida como um processo complexo, ao mesmo tempo natural, ambiental, biológico, genético, psicológico, social e cultural, que manifesta bem a relação não antagônica natureza/cultura.

A etologia nos mostra a organização social e tribal do mundo animal e seus meios de comunicação. Já não podemos dar, atualmente, ao Homo Sapiens, o crédito da invenção da ferramenta, da linguagem e da cultura que são, portanto, insuficientes para caracterizar o humano. Um processo de adaptação à natureza criou, progressivamente, a cultura e o homem, que, por sua vez, retroativamente, o desenvolve.[2]

A hominização pressupõe diferentes etapas na origem da cultura humana. A grosso modo, a pré-história se desenrolou em três tempos:

- ✓ Inicialmente, Australopitecus, grande macaco bípede, viveu de dois a quatro milhões de anos atrás. Para os antropólogos e os historiadores da pré-história, suas capacidades cognitivas eram aparentemente próximas às dos chimpanzés de hoje: ele possuía uma inteligência técnica, pois fabricava camas de galhos, usava bastões e pedras e tinha uma inteligência social proveniente da capacidade de se proteger em grupo e de criar estratagemas. Como os chimpanzés, dispunha, sem dúvida, de representações mentais (do território, por exemplo) e de uma consciência de si. O Australopitecus usava, portanto, as ferramentas, mas não as fabricava.

- ✓ O gênero Homo surge há cerca de dois milhões de anos, justamente fabricando suas ferramentas, ao inventar a pedra talhada. Esta aptidão pressupõe uma capacidade imaginativa e técnica. Hoje, nos interrogamos sobre a possível existência de uma proto-linguagem capaz de permitir a formulação de designações simples, como ocorre com as crianças de um a dois anos, mas sem a articulação de sons, pois a laringe só apareceu claramente com o Homo sapiens sapiens, há aproximadamente cinquenta mil anos.

[2] E. Morin, 1974, p. 275.

✓ Com o Homo sapiens sapiens aparece, portanto, a linguagem falada, indício da percepção de um ambiente (como já tinha o Australopitecus), da aptidão para imaginar um objeto e para talhar (como já tinha o Homo), mas manifestando, além disso, o surgimento de símbolos abstratos e da sintaxe, que permite a construção das sequências completas, permitindo o aparecimento das diversas manifestações da cultura simbólica: as vestimentas, a arte, as sepulturas, os ritos sagrados.

O surgimento do imaginário fora de um mundo apenas interior é a originalidade do Homo sapiens. Como os pássaros, os mamíferos ou os primatas, nós sonhamos. No homem, esta exteriorização do sonho na cultura constrói o mito, os rituais fúnebres, a arte e a palavra.[3] O que caracteriza as duas fases de desenvolvimento do humano, é a projeção do imaginário na capacidade técnica, em primeiro lugar com o gênero Homo, depois numa atitude mais abstrata com o mito, o rito, a arte e a palavra com o Homo sapiens sapiens.

Contudo, o gênio da abstração pode transformar-se rapidamente em delírio, se não ocorrer o ancoramento na realidade exterior, se a imagem permanecer para si ao invés de se dar ao outro. Retomando E. Morin, o Homo é, ao mesmo tempo, *sapiens* e *demens*, indício de sua alta complexidade.

O cérebro é, de fato, o fruto de um processo genético lento, mas efetivo, através das eras. Para M. Jouvet[4], o determinismo genético, que agiria no sono paradoxal e nos sonhos, seria uma espécie de pré-programa para o desenvolvimento psíquico e cognitivo que se desenvolveria na temporalidade. Portanto, o desenvolvimento cognitivo resultaria, pelo menos em parte, da produção dos sonhos ao longo da vida. Haveria então uma relação possível entre informação genética, imaginação onírica e linguagem. Esta última é, ao mesmo tempo, fruto e motor da inteligência simbólica e do imaginário, e essa evolução co-adaptativa – entre genética, imaginação e linguagem –

[3] Dortier J. F., *Comment classer le monde?*, p. 16-21, em Revue Sciences Humaines Nº 102 fevereiro de 2000, p. 21.
[4] Jouvet M., *Le Sommeil et le rêve*, Odile Jacob – Sciences, 1992.

teria permitido a explosão cultural do homem de Cro-Magnon. Produziu-se, então, a fusão entre diferente formas de competências sob a forma de uma inteligência geral meta-representacional manifestando plenamente o pensamento simbólico, definido por I. Tattersal[5] como *"uma aptidão para produzir símbolos mentais complexos e para manipulá-los conforme combinações novas. É o próprio fundamento da imaginação e da criatividade, dessa capacidade única em seu gênero que os seres humanos têm de criar um mundo em sua mente e de recriá-lo no mundo real, fora de si-mesmos."*[6]

Vemos, então, que aquilo que, desde o *Cro-Magnon* até nossos dias, construiu nosso cérebro, devido justamente à sua complexidade, pressupõe uma dinâmica aberta que colocaria a relação entre individual e coletivo, entre interior e exterior, entre criação e destruição, entre *Homo sapiens* e *Homo demens*, entre deus e diabo no homem. Mas falta-nos uma teoria dos fenômenos oníricos e noológicos capaz de dar conta dessa complexidade aberta.

2.2 Os mitos e sua natureza

A teoria atual da hominização estabelece uma estreita relação entre a imaginação, o pensamento simbólico, a linguagem e o surgimento, a exteriorização desta aptidão imaginal no mundo exterior da cultura, elaborando o mito, o culto, o rito, a arte, a comunicação verbal.

Entre os inúmeros objetos da reflexão antropológica, o mundo dos mitos e dos sonhos apresenta um interesse particular.

No nível biológico, sabemos atualmente que um sono sem sonhos não é reparador, que a supressão reiterada do sono paradoxal de um animal pode provocar a sua morte. Portanto, sonhar é necessário para a sobrevivência do organismo biológico. Ora, algumas características dos mitos os assemelham aos sonhos.[7] Poderíamos, então, perguntar-nos se o mito não seria, para o pensamento desperto ou para o organismo sociocultu-

[5] Citado por J. F. Dortier, idem, ibidem, p.22.
[6] Tattersal Il, *L'Émergence de l'homme – Essai sur l'évolution et l'unicité humaine*, Gallimard, 1999.
[7] Smith Pl, "La Nature des mythes", em *L'Unité de l'homme – T3 – Pour une anthropologie fondamentale*, obra coletiva sob a direção de E. Morin e M. Piattelli-Palmarini, Points-Seuil, 1974, p. 248.

ral, o que os sonhos são para o sono e para o corpo biológico. Em outras palavras, os sonhos são tão essenciais ao organismo biológico quanto os mitos para o organismo social.

Os sonhos e os mitos parecem participar do funcionamento mais íntimo do espírito. O problema é compreender seu significado essencial.

É claro que os pontos de vista são opostos na história das ciências. Assim, se a teoria animista proposta por E. B. Tylor no século XIX considera o sonho como uma ilusão, a crença nas almas e nos espíritos também é considerada como uma ilusão e os mitos são considerados como fruto de crenças resultantes de uma análise mais confusa ou menos confusa da realidade. Esta hipótese, inscrita no quadro das teorias evolucionistas da época, considera os mitos, para citar Frazer, como resultado de um pensamento primitivo, pré-lógico, irracional e *'embrionário'*, que buscava explicar grosseiramente o mundo.

Um estado de espírito bastante próximo a este construiu a teoria psicanalítica, na qual o sonho é considerado como fruto de um recalque neurótico.

O século XIX foi o período que introduziu a passagem do *mito* ao *logos*, concebida como passagem da ilusão fabulatória ao rigor e à verdade; o que contrasta com a linguagem do Renascimento, por exemplo, na qual a mitologia era, ao contrário, uma fonte inspiradora.

As pesquisas etnológicas de campo durante o século XX não puderam satisfazer-se com tais interpretações. Muitos olhares sobre os mitos, opostos ou complementares, expressaramse então.

Para Malinowski e os funcionalistas, o discurso mitológico deve ser apreendido tendo como referência o contexto social. Os mitos reforçam, justificam, codificam as práticas e as crenças da organização social. No entanto, esta justificativa a *posteriori* da ordem social reduz consideravelmente a realidade mítica, mas outras pesquisas, como as de M. Griaule, assumem a contra-corrente dessa postura valorizando o alcance iniciático dos mitos, em detrimento da realidade social.

Levi-Strauss estabelece a ponte entre o pensamento 'selvagem', que funciona de acordo com suas próprias leis nos mitos e nos sonhos, e o pensamento 'domesticado', que, vigiado pela consciência, orienta em direção a uma eficácia analítica. Para ele[8], os mitos das diferentes sociedades constituem séries ilimitadas de variantes organizadas ao redor das mesmas estruturas, manifestando uma relação íntima com o espírito humano.

A análise dos mitos mostra que esta armadura não é tanto o resultado do aspecto diacrônico das ações evocadas, quanto o resultado de uma ordem sincrônica subjacente aos relatos e que, na verdade, os organizaria.

O mito serve para inscrever alguma coisa do espírito no gênero coletivo: de um certo ponto de vista, uma cultura (ou, nas civilizações complexas, uma sub-cultura) *"só consegue se definir melhor por meio da coletividade das pessoas que partilham os mesmos mitos".*[9]

As formas de pensar que inscrevem os mitos na mente, encarnam-se em nomes e personagens que são, na maioria das vezes, apenas conceitos, categorias, sínteses de elementos, alegorias de noções morais.[10] Sem seus mitos, uma sociedade seria como o amnésico que não consegue se lembrar de sua identidade. O pensamento mítico constrói os modelos do que não é perceptível.

Se há um mito fundamental na cultura ocidental, é o da criação bíblica de Adão. O texto do Gênesis apresenta a grande vantagem de evocar a relação entre o homem e a imagem. E esta nossa reflexão é a respeito disso.

2.3 Um drama que se desenrola no céu?

O mito da criação de Adão e Eva oferece a oportunidade de uma interrogação que podemos supor meta-histórica e sincrônica a respeito do homem, a temporalidade da história humana manifestando diacronicamente o mesmo processo.

Sabemos, através do Livro do Gênesis (I, 27), que Adão, criado inicialmente macho e fêmea, carrega em seu seio uma questão implícita (Gênesis, I, 26). Elohîm diz a Si mesmo: *"Fa-*

[8] Levy-Strauss, *Mythologiques, IV, L'Homme nu*, Paris, Plon, 1971, p. 571.
[9] Smith P., "La Nature des mythes", em *L'Unité de l'homme – T3 – Pour une anthropologie fondamentale*, obra coletiva sob a direção de E. Morin e M. Piattelli-Palmarini, Points-Seuil, 1974, p. 257.
[10] Idem, Ibidem, p. 258.

remos Adão à nossa imagem, conforme a nossa semelhança?" Em seguida ele estabelece, afirmando sua resposta: *"Elohim cria Adão à sua imagem, à imagem de Elohim ele o cria, macho e fêmea, ele os cria"* (Gênesis, I, 27).

Esta última frase se mostra interessante. Se Adão foi criado em primeiro lugar segundo a imagem, a *Imago Dei* verdadeira sugere duas polaridades macho e fêmea, que convém reconhecermos em nossa natureza humana.

Esta dinâmica criativa supõe que, como há uma dimensão masculina e feminina, haja o casamento com a integralidade da imagem antes de pretender uma possível semelhança, este último termo apreendido etimologicamente como expressão de uma similitude com o divino, incitando a uma ontologia integral.

Então, duas questões imbricadas uma na outra se colocam: O que é criar? O que é chamado de imagem?

Em hebraico, na ótica de uma reflexão simbólica sobre as palavras, o verbo 'criar', *Bara*, evoca, por suas letras, tanto uma dualidade por projeção das forças divinas, como uma construção vinda do centro, tendo como resultado uma produção ativa. Esta primeira análise coloca em evidência o movimento ao mesmo tempo dual e unitivo que se desenrola dos dois lados da letra '*Reish*', que simboliza a cabeça. Criar evoca a ação de ir de um lugar a outro, de ir e de vir, ou ainda o nascimento e o devir, imagens que não deixam de sugerir nosso moderno conceito de espaço-temporalidade. Sem entrar no detalhe da simbólica que sustenta esta análise, saibamos que 'criar'[11], compõe, com suas duas últimas letras, o radical de um verbo significa 'ver'[12], evocando também a relação com a luz, '*Ra*'.

No Gênesis (I, 1) o verbo 'criar' é usado pela primeira vez no primeiro versículo, *"Bereshit Bara Elohim"*, que é habitualmente traduzido por *"No princípio"* ou *"No começo, Deus cria"*.

Mas é evidente que 'criar', *Bara*, remete diretamente à primeira palavra *Bereshit*, que é composta por seis letras, das quais as três primeiras compõem precisamente o verbo 'criar'. As letras seguintes de *Bereshit*, *'Shit'*, oferecem, por sua vez, uma palavra chave derivada, *'Shin-iod'*, que evoca o 'falar', o

[11] Virya V, *Kabbale et destinée*, Présence, 1986, p. 99.
[12] Idem, Ibidem, p. 244.

cantar, ou ainda 'entreter-se', 'orar', 'meditar' e 'lamentar-se'. Esta maneira de jogar com as palavras, ainda que possa chocar algumas pessoas, é classicamente utilizada nas práticas cabalísticas judaicas.

O início principial se declinaria então nesse jogo das letras como a relação diferenciada e conjugada do 'ver' *(Ra)* e do 'falar' *(Shi)* entre o começo *(Beith)* e o fim *(Tav)* do ato criador e, nesse ato de criação, o ver precede o falar, o último estando no entanto indissoluvelmente ligado ao primeiro. Este mito confirma o que foi descrito acima sobre o processo de hominização: a imaginação precede a palavra, sem que haja, no entanto, separação radical entre elas.

A segunda questão que vamos colocar é a da imagem. Qual é então a imagem de Deus? Podemos supor que esta, andrógina, macho e fêmea, seja análoga ao 'ver' e ao 'falar'. A criação de Adão, nós o sabemos, é representativa da criação do humano. Esta criação à 'imagem' não descreve um modelo antropomórfico, mas refere-se ao princípio da criação tal como é expresso pelo *'Bereshit'* e os sete dias da Gênese, o universo microcósmico humano sendo semelhante ao grande universo macrocósmico do qual fala a primeira parte do Livro do Gênesis. Em outras palavras – e, aliás, este foi o tema de nossa intervenção no 'Primeiro Congresso Mundial da Transdisciplinaridade'[13] –, a Gênese bíblica oferece um modelo, uma representação macrocósmica da qual Adão, como 'homem global', carrega a imagem. Esse processo, em duas etapas, cosmogenética depois ontogenética, reproduz as duas fases do *'Bereshit'*.

'A imagem', *Tselem* em hebraico, é *Tsel*, 'a sombra', a profundeza obscura, o abismo, as águas *'Mem'*, necessariamente múltiplas como os muitos níveis de realidade.

Quando o tentador, oferecendo o fruto proibido (Gênesis, III, 5), diz: *"vossos olhos se abrirão e sereis como Elohim"*, promessa de um porvir dependendo de uma visão, a ordem original se inverte. A esperteza proposta pela serpente consiste em dizer ao princípio feminino para suplantar o masculino interior e inverter a ordem, graças a uma suposta aptidão para atingir

[13] Paul P., Communication au Premier Congrès Mondial de la Transdisciplinarité, Arrabida, 1994; publicado em *Transdisciplinarity – Transdisciplinarité*, obra coletiva, Hugin éditeur, Lisboa, 1999.

diretamente a semelhança *("como Elohim")*, sem a mediação do 'ver', da luz não-dual, pelo simples poder da palavra tornada dual. A serpente torna-se barreira às bodas do esposo e da esposa pela negação do 'ver' original, criando a ilusão de uma possível unidade que a dispensaria. Eva, como sujeito atuante, como palavra que permanece no pensamento, possui uma virtude imanente que procura um acesso direto à transcendência pela dualidade da língua serpentina e pela mera intelectualidade, que simboliza o consumo do fruto proibido, que sabemos permitir o conhecimento do bem e do mal. A falta consiste em comer um fruto cuja Árvore, colocada no centro do Paraíso, supõe, como o ato criador, aptidões integradoras e unificadoras subentendidas por uma dualidade operativa que Eva não possui. Esse conhecimento, inicialmente contraditório, portado pelo 'ver', com o exílio do Paraíso, passa a ser sustentado pelo princípio de não-contradição que separa o bem e o mal, um excluindo o outro. O feminino absorve a dualidade, que passa a ser juiz, racionalizando em bem e em mal, sem passar previamente pela integração, pela unificação do 'ver'. O lado sombra, na imagem, perverte-se, querendo ter acesso diretamente à unidade, à semelhança, falando a 'linguagem da serpente', ao invés de usar conjuntamente a 'linguagem dos pássaros' não-dual, intimamente associada à visão simbólica. Desposar a imagem supõe, ao contrário, unificar a totalidade das águas, aquelas do 'ver', masculino – sugerindo, etimologicamente, a capacidade para recordar, em hebraico –, e aquelas do 'falar' feminino – como matriz, como realização do 'ver' em parábola.

Uma terceira questão resulta das outras duas, fundando os diferentes níveis de realidade. Depois de ter comido o fruto, Deus faz a seguinte pergunta surpreendente a Adão: *"Adão, onde estás?"* (Gênesis, III, 9), o que deixa entrever várias interpretações, entre as quais a primeira sugere que Adão já não estava diretamente acessível ao olhar de Deus. Um e outro já não se vêem. Podem apenas se ouvir (Gênesis, III, 8). Mas fazendo esta pergunta: *"Onde estás?"*, Deus leva também Adão a se questionar sobre o seu ser, sobre o significado de seu ato, sobre a essência de sua pessoa. A transgressão faz perder um lugar, uma topologia edênica, para atingir um outro lugar, onde

Adão está desde então.

Esta questão apresenta um paradoxo. Adão, evidentemente, está onde ele está. Mas se Deus faz esta pergunta é porque a relação está cortada, é porque Adão se perdeu. A declaração divina inaugura a interrogação sobre si mesmo como abordagem paradoxal do "quem sou eu?", questão ligada necessariamente ao "onde estou eu?" A busca ontológica do sujeito, pelo consumo do fruto da árvore, não pode se dissociar da procura de níveis de realidade, ela mesma relacionada com os níveis de conhecimento, pois, desde então, distinguem-se pelo menos três níveis: 1) o de Deus, 2) o do Paraíso e de sua terra celeste *('Adamah')* e, por fim, 3) o da natureza terrestre sustentada por *'Erets'*, a terra seca da manifestação física.

No novo lugar de exílio, a busca de si mesmo de Adão consistirá, desde então, em uma dupla interrogação: saber quem somos torna-se indissociável de saber onde estamos. Esta nova atividade cognitiva, consequência da passagem de um lugar a outro, faz sair de si mesmo, esquecer-se de si mesmo para esperar, talvez, reencontrar-se.

Todo o problema consiste, então, no discernimento dos lugares: um interior, que especificaria a identidade; outro exterior, que manifestaria a identificação, a falsa identidade.

A autobiografia, o "conhece-te a ti mesmo", a busca iniciática, levam à interrogação simultânea a respeito dos dois lugares de nossa morada, um pertencendo ao universo exterior e o outro às divindades interiores. Todavia, para essa busca não basta uma reflexão sobre a nossa vida, não basta escrevermos os eventos [da nossa vida], pois isso só manifesta uma das duas faces indispensáveis desse questionamento.

Se em seu ato de separação o casal das forças anímicas deixa de ver Deus, ainda pode escutá-lo (Gênesis III, 8). A visão interior está cortada, mas a escuta interior da Palavra ainda é possível, com a condição de que ela seja distinguida da palavra da serpente. Subtraída à visão divina, tornada inconsciente, a dupla face do homem – confundida, no ato da separação, com o corpo de pele, com a irreversibilidade do futuro temporal, com a morte e com o despertar da consciência dual – traz em seu interior apenas virtualmente a plenitude de uma ontologia integral.

O drama no Céu coloca o mistério da visão da natureza celeste e do conhecimento real que torna-se, desde então, o da relação entre gnose e episteme. Inicialmente, a serpente se opõe à ordem divina de não comer o fruto da Árvore, sugerindo (Gênesis III, 5), ao contrário, o consumo do fruto, *"pois Elohim sabe que no dia em que dele comerdes, vossos olhos se abrirão e sereis como Elohim"*.

Em sua esperteza, que ao mesmo tempo é uma certa sabedoria, a serpente mente ou diz a verdade? Adão descobre que está nu e é conhecedor. Portanto, seus olhos estão bem abertos: a serpente disse a verdade. Mas, simultaneamente, a visão interior e a sabedoria divina fecharam-se. Então a serpente também mentiu. Esse paradoxo (parecido com o do Cretense) só pode ser respondido se associado a uma lógica de distinção entre níveis de realidade diferentes e com a condição de se perceber a reviravolta provocada pela natureza feminina que cada um dos humanos tem.

A tentação sugerida pela serpente não se dirige ao mesmo nível que aquele de onde Deus fala no Paraíso. Ela tem como consequência o dualismo não ontológico entre visão e voz inerente ao exílio da terra original, dualismo no qual a voz toma a dianteira em relação à visão, invertendo a ordenação inicial.

Separando-se da *Imago Dei*, depois da imagem em si, o homem espera resolver seu sofrimento por meio do conhecimento do mundo que o cerca e que o remete a si mesmo. Resta-lhe escutar a voz, *'Shema Israël'*, no silêncio que reorienta para a Terra prometida, para o Oriente das Luzes teofânicas. Coloca-se então um duplo problema, o do nosso solilóquio e o da nossa imaginação, o da natureza do nosso discurso e o da natureza das nossas visões. Quem fala? Quem vê? Onde? Em qual lugar de nós mesmos nós vemos, nós escutamos? Qual é o lugar da palavra e da visão?

A tentação é da ordem do consciente, como o conhecimento objetivo de fora, da *episteme*. A Imagem, a Forma verdadeira, o Nome, estão selados em nossas profundezas como o conhecimento de dentro, a gnose.

O adversário, a serpente, dirige-se a *Isha*, a esposa, a parte que está desperta enquanto Adão dorme. Na verdade, lembrando Bachelard ou Durand, há um ser diurno e um ser noturno. O problema é o acesso ao ser noturno ou, mais exatamente, à relação entre um e outro. Se o exílio neste mundo é um nascimento existencial, o ato que renova a aliança com a nossa polaridade noturna é um 'segundo nascimento', não-dualidade, exílio do exílio, retorno ao mundo das visões, acesso ao *mundo imaginal* (para retomar uma expressão cara a H. Corbin). Nesse nível, masculino e feminino podem realizar de novo, como primeiro nível de androgenia, o mistério do nascimento para a unidade ontológica não-pluralizável.

A questão que então se coloca é perceber o processo de separação e de relação entre o consciente e o inconsciente, entre uma *episteme* da dualidade e uma gnose da não-dualidade. É preciso poder apreender o que é o Mesmo, o semelhante, e o que é o Outro, o diferente, a fim de distinguir e religar as duas faces de nossa natureza humana.

3. A HISTÓRIA DE UMA RUPTURA

3.1 Imaginar a similitude ou analisar a diferença

Se o mito, o sonho, o pensamento simbólico, a imaginação parecem poder articular as relações entre o mundo de dentro e o de fora, entre as condutas individuais e os comportamentos coletivos, não é menos verdade que o conceito da imaginação ainda está vago em nossos dias. Podemos ao menos supor que o drama que se desenrolou 'no céu' necessariamente manifestou-se na terra.

Compreendê-lo impõe uma volta, na história das idéias (e à história da ciência que dela decorre), ao período entre os séculos XIII e XVII.

Para autores como L. Dumont, D. Le Breton, H. Corbin ou G. Durand, uma ruptura epistemológica começou em torno do século XIII. As primícias do aparecimento do indivíduo tornam-se então perceptíveis, pois até então as sociedades holistas valorizavam a totalidade social e subordinavam a individualidade humana ao todo. Essas primícias manifestam-se através do papel crescente do comércio e dos bancos, que começam a desempenhar um papel econômico e social de primeira importância. O comerciante e o banqueiro tornam-se os protótipos do indivíduo moderno, o 'burguês' assumindo o lugar do 'nobre' (em cuja etimologia há 'gno', conhecer).

Foi naquele momento que, para H. Corbin ou G. Durand, a adoção pelo Ocidente do modelo de Averrois o separa da tradição órfica e platônica do *"Conheçe a ti mesmo e conhecerás o universo e os deuses"*, o qual *"ti mesmo"* sem dúvida não se referiria à individualidade psicológica mas a um pertencer ao cosmo e às divindades. Essa ruptura tem como consequência, para os autores acima citados, separar a função do conhecimento e a função da revelação, cognição e gnose deixando então de estar ligadas. Uma lógica binária corpo-espírito vem substituir o sistema ternário corpo-alma-espírito, negando a importância de uma necessária mediação imaginativa e anímica entre significado e significante, espírito e corpo.

Os trabalhos de J. Piaget[14] e de M. Foucault[15] parecem ilustrar bem nossas proposições. Sem entrar nos detalhes do esquema dos estágios gerais da atividade representativa na criança de Piaget, é contudo notável constatar nele uma ordenação das etapas muito próxima daquela do processo de hominização. Relembrando:

- ✓ O primeiro período é o da atividade sensório-motora (pegar um objeto, mudá-lo de lugar, sacudi-lo, etc). A criança então não fala, mas liga-se às percepções, entre elas a visão, para conhecer.

- ✓ O segundo período, o da atividade representativa, está dividido em dois estágios, o do pensamento pré-conceitual e o do pensamento intuitivo. A atividade representativa começa quando o objeto não é apenas percebido e apanhado, mas quando é apreendido como podendo ser apanhado, embora ainda não o seja. A defasagem

[14] Piaget J., *La Formation du symbole chez l'enfant, initiation, jeu et rêve, image et représentation*, Delachaux et Niestlé, Paris/Neuchâtel, 1968, 5º ed., 1970, p. 310.
[15] Foucault M., *Les Mots et les choses, une archéologie des sciences humaines*, nrf, Gallimard, 1966.

entre evocação e percepção permite evocar o objeto ausente com um jogo de significados ligando-o aos elementos presentes. A conexão específica entre significantes e significados constitui a particularidade da função simbólica e do pensamento pré-conceitual[16], que torna possível a aquisição posterior da linguagem. Portanto, a função imaginativa cria um espaço de representação colocando a diferenciação entre o significante e o significado. Ela torna possível a atividade manual, técnica, a utilização de instrumentos e o desenho. Mas aqui o funcionamento do pensamento é mais frequentemente imitativo, não chegando nem às inclusões hierárquicas nem à individualidade. É quando entra nesse estágio que a criança começa a falar.

✓ O terceiro período, o da atividade representativa de ordem operatória, transforma o jogo simbólico no sentido de uma adequação progressiva dos símbolos à realidade simbolizada; em outras palavras, de uma redução do símbolo a imagem simples.

É precisamente desse processo redutor, que faz passar da sincronia fora do tempo para a temporalidade diacrônica por volta dos sete-oito anos, que trata Michel Foucault no *Les Mots et les choses, une archéologie des sciences humaines*[17]. Seu objeto de estudo é diferente, não há dúvida, pois ele evoca a história do pensamento. Mas a relação é evidente, os estágios de Piaget na criança manifestando no desenvolvimento cognitivo aquilo que o tempo histórico parece ter elaborado progressivamente.

Mais precisamente, a ruptura epistemológica que começou a partir do século XIII consumou-se plenamente no século XVII. Para M. Foucault, o estudo da cultura ocidental no século XVI representa a realização de um modo de conhecimento baseado num espaço de representação intermediária (a alma, o *mundo imaginal*) colocando a relação entre o corpo e o espírito, o exotérico e o esotérico, o significante e o significado.

[16] Piaget J., idem, ibidem, p. 292.
[17] Foucault M., idem ibidem.

Para Foucault quatro figuras articulam o saber da similitude (da semelhança) até o século XVI. Esta funciona, então, como categoria do conhecimento, que pode ter as seguintes formas: 'aemulatio', 'sympathia', 'convenientia' e 'analogia'.

Sem entrar nos detalhes dessa categorização, saibamos que esse conjunto cria uma linguagem de signos que se tornam interpretáveis, fazendo as coisas comunicarem-se entre si de acordo com leis sincrônicas de ressonância. Significando e significado permitem descobrir, na assinatura visível, a configuração escondida, determinando a forma do conhecimento.

Até o século XVI os homens superpunham semiologia e hermenêutica na forma da similitude. Aqui, procurar o sentido é trazer à luz o que se assemelha, descobrir o que é semelhante, aquilo através do qual as coisas se comunicam. Para o homem da Idade Média e do Renascimento, a procura de sentido é uma busca daquilo que se parece conosco e que nos une.

Porém, no século XVII, tal saber pareceu ao mesmo tempo pletórico e pobre, colocando limites à abordagem das similitudes. As identidades e as diferenças do 'Outro' acabaram por prevalecer e os signos e similitudes do 'Mesmo' passam a ser associados a uma idade da loucura, da imaginação fantasiosa, das quimeras, da loucura institucional, da ilusão.

Com Descartes, a nova *episteme* recusa a similitude e o ato de comparação do qual a imagem é portadora. Mas a imaginação criadora, ainda que reduzida por acomodação, não é totalmente excluída do pensamento racional e se reintegra na inteligência analítica.

O que vai mudar essencialmente no século XVII é a representação do signo. A análise substitui a analogia, a atividade da mente deixa de aproximar as coisas entre si e passa, ao contrário, a diferenciá-las e distingui-las. O saber rompe com a adivinhação e o divino, o signo deixa de ser preliminar à atividade cognitiva, como uma linguagem pré-inscrita que alcançaria quem pudesse reconhecê-la: a adivinhação como ato de relação, por meio do signo, entre as coisas ou campos de ordem diferente já não encontra lugar para existir. A partir deste momento é no interior do conhecimento, no próprio objeto, sem relação entre o aparente e o escondido, sem diferenciação em níveis de realidade, que o signo se significa.

Antes o signo reunia o que estava disperso, em primeiro lugar o da dupla origem do homem: celeste e terrestre. Depois ele passou a dispersar, no mesmo nível, terrestre, devendo ser distinguido, separado, para ser analisado. O signo, no pensamento clássico, não apaga as distâncias e não elimina o tempo, ao contrário, ele permite que sejam desenvolvidos e percorridos passo a passo. A diacronia, a separação, penetra no signo, que deixa de ser natural e passa a ser arbitrário e convencional.

A relação do significante com o significado se aloja então num espaço onde nenhuma figura intermediária assume mais o encontro. Ela é, no interior do conhecimento, o laço estabelecido entre a idéia de uma coisa e a idéia de outra, a coisa que representa e a coisa representada[18]. O signo transforma-se em uma representação desdobrada, uma dualidade. A disposição binária do signo no século XVII substitui uma organização que, de maneiras diferentes, sempre tinha sido ternária desde os estóicos e os primeiros gramáticos gregos. Já não há sentido anterior ou exterior ao signo, nenhuma presença mediadora a ser restituída. Toda análise do signo é, diretamente e com plenos direitos, decifração do que ele quer dizer, sem elemento intermediário dirigindo o conteúdo. Os signos estão no interior da representação, no interstício da idéia. Contudo, a imaginação e a similitude não podem ser totalmente rejeitadas. Elas tornam-se as bordas indispensáveis, sempre presentes mas ocultas, tornando-se o fundo indiferenciado, instável, sobre o qual o conhecimento pode estabelecer suas relações[19], sem o que as impressões se sucederiam na diferença mais completa, sem possibilidade de relações.

Depois do dualismo do século das Luzes, o positivismo de Comte do século XIX acentua ainda mais a ruptura. No entanto, os limites do reducionismo epistemológico, depois das inúmeras e brilhantes vitórias do método, fazem-se sentir desde o começo do século XX. Um dos pontos mais litigiosos e que a física quântica soube colocar novamente em questão, é o desaparecimento do sujeito na ciência clássica em favor de uma

18 Foucault M., idem, ibidem, p. 78.
19 Foucault M., idem, ibidem, p. 83.

objetividade tão ilusória quanto fora, anteriormente, a imaginação para a ciência positivista. A revalorização da imaginação e a importância reafirmada do sujeito, através de uma nova psicossociologia da ciência e graças a uma pedagogia da ruptura epistemológica, oferecem as bases de um *'novo espírito científico'*. Este, através da fenomenologia e das diversas epistemologias construtivistas, revaloriza as ciências humanas até então consideradas menos rigorosas.

3.2 O entre-dois imaginal da *bildung*

Gaston Bachelard, numa conversa intitulada 'Adormecidos despertos', gravada em 1954, anuncia que *"muitas vezes a filosofia esquece que antes do pensamento há o sonho, que antes das idéias claras e estáveis há as imagens que brilham e que passam"*. O homem em sua integridade, quer abordemos o processo de hominização, os trabalhos de Piaget com a criança, o mito de Adão e Eva ou as propostas de Bachelard, é um ser que não só pensa e fala, mas que primeiro imagina.

A completude do ser humano impõe, portanto, a distinção e a reunião, através da imaginação, do ser noturno primeiro e do ser diurno segundo, tentando encontrar os dinamismos que constróem os dois pólos entre sonho e pensamento. Se a imaginação foi muitas vezes considerada como potência secundária, sabemos presentemente que ela é a função dinâmica maior do psiquismo humano. A imaginação gera a ação e a cognição. Para agir é preciso antes imaginar. Aliás, Bachelard afirma nosso 'pertencer' ao mundo das imagens como sendo mais forte, mais constitutivo de nosso ser que nosso 'pertencer' ao mundo das idéias. O mundo das imagens é o espelho de nosso ser profundo, *'o duplo do nosso ser escondido'*, a *'consciência do nosso inconsciente'*. A imaginação dá aqui, como nos pré-historiadores, aulas sobre a origem da linguagem, mas também, como podemos ver nos trabalhos de H. Corbin que, em sua dimensão *imaginal*, ela dá aulas sobre a origem da mente, oferecendo-se para desempenhar a função de entre-dois, entre psiquismo e espiritualidade.

Este espaço das mediações entre nossa natureza física e nossa natureza espiritual passa, para H. Corbin, pelo Anjo das visões teofânicas, que se torna o hermeneuta mais essencial. Esse nível das visões, considerado como 'mundo imaginal' *(Mundus imaginalis)* é definido pelo autor de *'L'Homme et son Ange'* como *"o mundo no qual se espiritualizam os corpos e se corporificam os espíritos"*.[20] Contudo, para que ele se torne consciente, é necessário o desenvolvimento de um órgão de percepção, o *'sensorium interno'*, a Imaginação ativa. A problemática da *bildung* no sentido da 'Imaginação de si', do 'trabalho sobre si', de 'cultura de seus talentos' tendo em vista fazer da individualidade uma totalidade, constitui a contribuição específica do romantismo alemão, apropriada para responder nossa interrogação contemporânea sobre a hipótese imaginal.

Esta palavra, para G. Lerbet, está associada à experiência[21]. Ela é traduzida como *'imaginação formadora'* em P. Galvani[22], tornando-se esta *"a experiência de um sujeito em sua busca de si"* em M. Fabre[23]. Mas é antes de tudo a grande corrente da *'vis imaginativa'* que desde a Idade Média até nossos dias, no Ocidente, mostra a persistência dessa via, a origem desta palavra remontando, sem dúvida, a Mestre Eckhart. O homem traria então em sua alma a Imagem *(Bilt)* de Deus sobre o fundo de uma *'entbildung'*, presença real além da imagem.

A *bildung*, como imagem implícita do divino *(Imago Dei)*, desenvolve representações que Corbin qualificaria de bom grado como angeofânicas e teofânicas. Elas estabelecem a mediação entre a originalidade e a singularidade de cada homem que traz em sua alma a Imagem singular segundo a qual foi originalmente criado e que transita pela imaginação formadora ligando o individual e o universal. Por sua própria origem, essa Imagem impõe tanto valores de universalidade quanto de singularidade.

A *bildung* designa então o processo temporal e histórico tanto quanto meta-histórico pelo qual indivíduo e sociedade adquirem uma cultura, uma forma, estabelecendo a relação entre, de um lado, um centro universal imóvel, pivô polar e, de outro, a multiplicidade singular de cada um dos pontos móveis, metaforicamente circumpolares, manifestados e geradores de espaço-

[20] Corbin H., *Le Paradoxe du Monothéisme*, L'Herne, reeditado: Le Livre de Poche, nº 4167, 981, 120.
[21] Lerbet G., *Bio-cognition, formation et alternance*, L'Harmattan, 1995, p. 7.
[22] Galvani P., *Quête de sens et formation*, L'Harmattan, 1997, p. 22.
[23] Fabre M., *Penser la formation*, PUF, 1994, p. 149.

temporalidade.

A mediação entre singular e universal impõe que o homem seja tomado como uma totalidade particularizada que ultrapassa a oposição entre indivíduo e sociedade, no cruzamento das problemáticas biológicas, históricas, psicológicas, psicossociais, sociológicas, religiosas e culturais, o conjunto construindo, de uma forma ou de outra, a antropologia.

Esta pesquisa impõe que se resista à tentação fácil de uma mediação que seria selada por uma simplificação grosseira ou por uma mutilação apressada. Cada elemento deve poder ao mesmo tempo distinguir-se e ligar-se através de integrações sucessivas e combinatórios múltiplos, sujeito e objeto, personalização e socialização, remetendo-se um ao outro no paradoxo do indivíduo imaginal. Este jogo relacional do um e do múltiplo desemboca na questão dos valores éticos e espirituais.

A *bildung* como imagem singular, imaginação formadora, trabalho sobre si mesmo, recompõe e oferece à experimentação o caminho que separa e reúne nossas duas naturezas, respondendo possivelmente ao questionamento do "Quem sou eu?" Mas em sua acepção contemporânea ela parece insuficiente para oferecer uma resposta à segunda interrogação: "Onde estou?", questão esta que supõe a distinção de níveis diferentes de realidade.

Com efeito, diante desse questionamento sempre houve uma resposta que ancorava a busca no processo gnóstico e iniciático ao qual, implicitamente, a *bildung* se refere. Mas há muito tempo iniciação e gnose abandonaram o curso de educação e de formação.

A abordagem transdisciplinar atual, no entanto, e sem entrar nas etapas de seu surgimento, *"parece fornecer o quadro teórico mais poderoso para integrar no coração do porvir os dados conceituais desses entre-dois transicionais"*[24] oferecendo, ao mesmo tempo, um novo quadro de referências apropriado para escorar os nossos questionamentos.

4. A abordagem contemporânea: imaginário e transdisciplinaridade

Haveria, então, uma relação possível entre imaginação e

transdisciplinaridade, cada uma evocando, a seu modo, um entre-dois transicional atuando em vários níveis. Conhecemos o papel da imaginação na poesia (Bachelard), no social (Castoriadis, Morin) ou ainda na história das religiões (Eliade), bem como na biologia e na genética pelo sonho interposto (Jouvet). Enfim, apreciamos sua importância na psicologia e na psicanálise (Freud, Jung). Laço psíquico e laço social, não precisamos absolutamente de longas referências para apreendermos seu papel na criatividade e na arte. O imaginário é uma função essencial da potência de vida individual, da vida em sociedade e da vida das sociedades. Ele está em toda parte, mesmo onde não o esperamos, como nas operações mentais mais racionais, como assinala o historiador das ciências G. Holton[25]. O imaginário precede e engloba o racionalismo. Todo o real é repensado simbolicamente para ser ao mesmo tempo apresentável coletivamente e servir como espelho para a 'imagem' interior. No entanto, o real social coletivo, o real psicológico individual e o real imaginal geram entre eles semelhança e dessemelhança.

O sonho, em nossa pesquisa, permite que a trajetória antropológica e os diferentes regimes especificados por G. Durand sejam recompostos. Ele apresenta uma identidade com o imaginário. Mas, se o sonho pode ser definido como uma modalidade particular de expressão do imaginário, inversamente a relação não é simétrica: todo imaginário não é onírico. Por outro lado, encontramos no fenômeno onírico as mesmas diferenciações que aquelas propostas habitualmente pelos autores que exploram o imaginário.

Em um plano fenomenológico é conveniente diferenciar, nas imagens psíquicas, diferentes categorias, provenientes tanto da atividade cerebral consciente como da inconsciente, gerada pelo sono.

Se o local do sentido é a imaginação, a poética, o sonho, o mito, o desconhecido, convém compreender os círculos entre as partes distintas e o todo aberto. O fenômeno do imaginário pode aqui ser interrogado por uma análise multirreferencial

[24] Pineau Gl, *En Marche... dans quelles marges, vers quels coeurs?*, 1999, p. 8.
[25] Holton G., *L'Imagination scientifique*, Gallimard, 1981.

(Ardoino) capaz de criar pontes, mas que não dissociaria os diferentes ângulos de observação possíveis e que valorizaria uma possível leitura em vários níveis de realidade. Sem poder entrar no quadro específico que tal análise exigiria, ofereceremos o quadro a seguir que resume uma parte de nosso trabalho de pesquisa. Outros autores poderiam, sem dúvida, estar presentes aqui, como por exemplo, S. Lupasco e suas 'três matérias', mas eles ultrapassariam o quadro mais estritamente 'imaginal' que pretendemos desenvolver aqui.

	WUNENBURGER	AUGÉ	BARBIER	DURAND	CORBIN	ALQUIMIA
Mundo Sensível do Corpo	- percepções sensoriais Imaginação reprodutora - representa-ções mentais	Imaginário diurno (literário)	Imaginário pulsional	Regime diurno heróico	Molk alma humana inteligência	Nigredo
Mundo Sensível do Corpo	Faculdades de representação reprodutiva e derivada Imaginação transcendente Formas transcendentes produzidas fora da presença do objeto	Imaginário noturno (individual onírico) Imaginário mítico (coletivo)	Imaginário pulsional Imaginário social	Regime diurno heróico Regime noturno místico	Molk alma humana sonho Malakût Anjo/visão	Mundo da Alma Nigredo Albedo
Mundo do Espírito	- revelada/ material Imaginação suprasensível - oculta/ imaterial	Imaginário mítico (coletivo)	Imaginário Sagrado	Regime noturno sintético	Jabarût Mundo das Inteligências Inteligência e visão	Rubedo ou Monúnculo

No que diz respeito à Grande Obra alquímica e às suas três fases, Nigredo (Obra em Negro), Albedo (Obra em Branco) e Rubedo (Obra em Vermelho), e sem entrar nos detalhes dos diferentes trabalhos, de suas possíveis semelhanças e diferenças, podemos fazer com que emerjam categorizações que permitam, com algumas superposições, a diferenciação de três níveis sucessivos do imaginário.

O primeiro nível é o do mundo empírico psicocorporal e da Nigredo. As palavras-chave que o diferenciam estão em consonância com o individualismo, com a ambiguidade, com a dualidade, com a polêmica, com o conflito, com a atividade. A sua dominância é consciente e diurna e ele é caracterizado pela heterogeneização, pelo princípio de exclusão, de não-contradição, de identidade, pela capacidade de discriminação, de distinção. Esse ponto de vista vê o criatural como sendo o manifesto, o aparente, o exotérico e percebe o divino como sendo o oculto, o esotérico. É a visão da criatura sem ver o divino, este último sendo o espelho que revela a criatura.

O segundo nível manifesta o mundo sutil da alma e da Albedo, é individual e coletivo, não-dual, receptivo, com uma dominância inconsciente e noturna, com palavras-chave como homogeneização, princípio contraditório, inclusão, confusão, *coincidentia oppositorum*, analogia e similitude. Essa capacidade de unificação vê o divino como visível e manifesto e, por outro lado, vê o criatural como estando oculto. É a visão do divino sem ver a criatura, sendo o criatural o espelho da divindade.

O terceiro nível caracteriza o mundo das inteligências e da Rubedo, que não é nem individual nem coletivo, nem consciente nem inconsciente, nem diurno nem noturno, nem ativo nem receptivo, mas que ultrapassa e engloba as diferenças e a similitudes, através das palavras-chave como equilíbrio, harmonia, *unita-multiplex*, *mysterium conjunctionis*, integração da integração, princípio dialógico não-contraditório e contraditório, ou melhor, nem contraditório nem não-contraditório. Ele possui ao mesmo tempo e contraditoriamente a capacidade da inteligência discriminativa e da visão unitiva. Aqui, dois espelhos se refletem um no outro, a divindade na criatura e o criatural na divindade, recompondo uma unidade múltipla na

'Unitude' que se teofaniza.

No primeiro grau, é importante diferenciar, o que exige uma separação que coloca o objeto fora de si mesmo. Essa exteriorização objetiva constrói as epistemologias científicas dualistas e positivistas e a irreversibilidade dos sistemas.

No segundo grau, convém integrar, o que pede uma fusão que coloca o objeto em si mesmo, posição de interiorização subjetiva que funda as epistemologias construtivistas e a fenomenologia. Este nível, através da experiência do 'segundo nascimento', abre para a noção de reversibilidade dos sistemas vivos.

No terceiro grau, surge a possibilidade de restaurar a visão integral que reconhece, sem opô-las, as duas fases precedentes, colocando-se acima no jogo contraditório das forças causais. Essa postura funda, com pontos de vista diferentes, a posição gnóstica e a epistemologia transdisciplinar como 'sistema dos sistemas'. Realmente, duas características distinguem gnose e transdisciplinaridade, que no entanto se reúnem em suas finalidades. A gnose procede da revelação 'do alto', enquanto a transdisciplinaridade é concebida como proveniente da atividade científica e, além disso, baseada na física quântica e na sistêmica. Ademais, a gnose é uma soteriologia, uma via de salvação individual, enquanto a transdisciplinaridade desenvolve-se como atividade científica, metodologia reprodutível de resolução dos problemas complexos.

Portanto, há realmente no universo da imaginação diferentes níveis de conhecimento que respondem à questão colocada a Adão: "Onde estás?" e nos quais a resistência oferecida pelo objeto deve ser penetrada pela imaginação cognitiva do sujeito, de acordo com as modalidades próprias a cada um dos níveis de realidade. O pensamento dualista, mediante seu princípio de razão suficiente, operando por dedução, pretende reduzir imediatamente a diferenciação de níveis distintos a uma alternativa entre ilusão e exclusão quando aborda o imaginário. Ele (o pensamento dualista) cria uma separação entre duas determinações, o verdadeiro e o falso que dividem o campo dado. Nessa alternativa, o verdadeiro necessariamente rejeita a imaginação. Por outro lado, o pensamento complexo e a lógica do terceiro incluído consideram vários níveis de percepção ou de imaginação. A transdisciplinaridade permite o desenvolvimento de uma nova metodologia de resolução dos problemas que esclarece as situações ao mesmo tempo complexas e paradoxais do imaginário, recompondo e renovando as relações delicadas entre *episteme*, mística e gnose que se observam em nosso estudo e que, de uma maneira ou de outra, compõem a realidade vivida da experiência humana.

Mas ela não responde completamente à arbitragem dos valores antagônicos que observamos no pensamento dualista, na medida em que a metodologia transdisciplinar, com o terceiro incluído, mantém um estado de tensão energética dos contrários, capaz de responder ao *mysterium conjunctionis*, mas não é operativa para suscitar o processo de passagem cognitiva entre o nível da realidade dual, o da 'Nigredo', portado pelo antagonismo, e o nível da realidade não-dual, o da 'Albedo', que repousa na *coincidentia oppositorum*. Na experiência interior, a mediação entre os extremos nessa passagem entre Nigredo e Albedo não provém de um terceiro secretamente incluído, mas ela é tornada possível por uma 'metanóia', uma reviravolta do princípio separador portado pela imagem e pela palavra pervertidas. Todo ser que sofre deseja o bem, a justiça, a verdade, o amor, o que pede a conversão da sombra em luz, a inversão, por um ato voluntário, da tendência passiva ou reativa que nos faz sofrer a vida. A busca de sentido como preliminar ou como consequência de nossas alegrias e de nossas dores, de nossas ações, de nossos sonhos e de nossas palavras, ou ainda de nossos sofrimentos, é uma das características das ciências humanas que, ao contrário das ciências exatas, repousa na subjetividade, na historicidade e nos métodos primeiramente fenomenológicos e hermenêuticos. Esse princípio de conversão positiva nessa ótica é de um grande alcance ético, pois afirma o livre arbítrio fundamental que temos diante das nossas escolhas. Esse processo, como princípio de retificação e de regeneração, ou ainda como lógica dialética invertendo a antítese não em favor da tese, nem mesmo de uma síntese, mas abrindo, devido à sua dinâmica de transformação, para um meta-nível, distingue-se do 'estado T', do qual é o complementar não-simétrico. A função essencial desse processo é quebrar a separação entre o ser psicocorporal e sua dimensão espiritual. Ele torna possível a inteligibilidade da relação e da transição do Mesmo e do Outro, do si-mesmo como um outro e do próximo como si-mesmo; ele articula as relações entre o Uno singular e o Uno universal permitindo a mudança de quadro epistemológico, que se torna subentendida por uma lógica do contraditório. Esta, por sua vez, deve ser abandonada se queremos ter acesso ao nível superior, aberto, regido por valores de beleza, de liberdade e de indecidibilidade.

Esse processo particular apresenta, em suas consequências, o postulado de vários níveis possíveis de realidade, cada metanível sendo o lugar da integração dos contrários do nível precedente. Mas o número dos níveis não é indeterminado. Os modelos antropológicos são bastante convergentes a este respeito. Cada nível, experimentado pela imaginação, apresenta diferenças de ordem lógica, mas também epistemológica em relação ao outro, assim como leis de passagem entre eles que variam de um estágio para outro. De forma mais específica, o Uno singular e o Uno universal não pertencem ao mesmo nível, o espaço por excelência das mediações – como terceiro nível intermediário e integrador – manifesta-se através de uma propriedade essencial: nele o universal torna-se singular e o singular universal, característica precisamente do mundo imaginal e de sua face dupla. O problema, alquimicamente falando, é o do duplo, simbolizado por Mercúrio. Se o nível inferior porta os princípios de não-contradição, de identidade e de terceiro excluído, a passagem para o nível superior impõe, se quisermos experimentá-lo, uma inversão do negativo, da sombra, de modo que essa conversão para positivo possa permitir o estabelecimento de uma ressonância cognitiva com o nível de realidade de cima. Só essa relação, que recompõe uma mesma identidade de um lado e do outro do espelho imaginal, pode restabelecer o diálogo do homem e de seu anjo, para retomar H. Corbin.

Assim, o espaço específico dessa mediação não deve ser concebido como espaço de transição 'horizontal', espécie de entre-dois que, a partir do branco e do negro faria aparecer o cinza, não como 'estado T' não-contraditório e paradoxal que manteria a tensão antagônica num metanível entre o preto e o branco, mas podendo posicionar o homem em seu *status* de 'verticalidade', com a condição de que o preto, tornado branco, produza um "branco mais branco que o branco".

Mais precisamente, a redescoberta do *'mundo imaginal'* é uma injunção transdisciplinar fundamental, na medida em que esta ilustra, por excelência, a dinâmica da passagem entre a humanidade terrestre e sua realidade celeste. Graças à imaginação ativa, o transcendente **pode ser experimentado em termos de vestígios no imanente**, que, pelo jogo do espelho, manifesta o caminho para o transcendente. O imaginal, como lugar mesmo dessa comunhão, impõe que se encontre antes a realidade de um *corpus spiritualis* contraditório e paradoxal, significado pela fecundação virginal. A tradição alquímica, que pontuou nossos próprios sonhos, assim como a gnose islâmica, cara a Corbin, ou ainda o ponto de vista indiano, budista, chinês, judaico e mesmo cristão são particularmente claros sobre este ponto. Mas nosso olhar se direcionou de tal forma para a exterioridade que esquecemos nossas raízes e daí o drama da nossa sociedade. O espelho imaginal e seu duplo oferecem-se a nós como possível 'visão reversa' *(vision retournée)* (Schipper) ou interior, para citar uma expressão taoísta. Esse olhar voltado para dentro permite o acesso à nossa Forma verdadeira, que deve suas propriedades imaginais às duas faculdades, espiritual e material, que a encerram.

Postular níveis de realidade diferentes e distinguíveis por leis que lhes são próprias supõe uma epistemologia da ruptura que impõe o desenvolvimento de uma sensorialidade diferente dos nossos meios de percepção habituais. Trata-se de recuperar nossos sentidos não apenas externos, mas também os internos, a fim de submetê-los, por sua vez, a critérios de cientificidade que ainda precisam ser, em grande parte, definidos. Essa percepção sutil foi particularmente sugerida pelos trabalhos de Henri Corbin. Nesse contexto, a descoberta de níveis no seio do vasto repertório das imagens recompõe uma fenomenologia da cognição e um caminho de ontogênese graças ao qual o ser poderia tornar-se manifesto como epifania. Esse percurso, que em certa medida nossa sociedade moderna parece ter perdido, mas que a gnose pôde testemunhar outrora, impõe ao pesquisador um 'labor' sobre si mesmo e não somente sobre o objeto de sua pesquisa. À medida que as mudanças de percepção e de representação ocorrem, o conhecimento evolui e se metamorfoseia mediante a transformação do eu e do autoconhecimento. O mesmo objeto é descoberto sob enfoques diferentes. Mais precisamente, a (re)descoberta dos mundos que compõem o imaginário, ligada a modos de percepção diferentes, surge como um dos maiores desafios do século XXI.

Compreendemos que um lento processo cognitivo parece ativo tão logo examinamos as etapas da hominização, as da história das ciências ou as diferentes fases do mito da criação de Adão. Cada uma delas parece necessária. Mais precisamente, uma *episteme* da similitude e uma *episteme* da diferença já pontuaram a história. A questão que se apresenta atualmente é saber como criar uma ponte entre unidade e dualidade, similitude e diferença que não seja sacrificada pela eliminação de um dos dois termos em favor do outro.

Com efeito, como primeira etapa convém dessacralizar o dualismo cartesiano entre um sujeito misterioso e objetos cognoscíveis, a partir do qual se instituiu o conhecimento positivo. O paradigma da complexidade acaba de contestar o valor da objetividade da fragmentação dos conhecimentos que fundamenta a epistemologia clássica. Mas tampouco se trata de retornar à similitude, pois a análise crítica mostrou sua riqueza, mas também seus limites. A *bildung*, reincorporando o sujeito e, mais precisamente, seu imaginário, no conhecimento que ele produz e do qual ele é o produto, supõe, como o constatamos, a importância do círculo recursivo e de níveis de realidade diferentes. É preciso também um pensamento dialógico, para citar E. Morin *(La Méthode)*, que reuna, dissociando-as, a unidade e a diversidade, a *Unitas multiplex*, o duplo pensamento do Mythos e do Logos ou ainda o do 'ver' e do 'falar'. Assim a imaginação, e o pensamento que lhe é associado, deve estabelecer fronteiras e atravessá-las, abrir os conceitos e fechá-los, ir do todo unitário às partes e das partes ao todo, a fim de harmonizar a contradição.

Esta postura, talvez paradoxal, é insustentável tanto para os partidários da similitude quanto para os partidários da diferença. Mas também não basta se deixar seduzir pelo pensamento dialógico; é preciso integrá-lo concretamente. Anunciamos que a mudança de consciência impõe a experimentação de um caminho: numa primeira etapa, imaginal, ligado a uma inversão; numa segunda etapa, levando a outro nível de experiência, capaz de fazer brotar 'a integração da integração'. O mundo novo pede um indivíduo renovado que não privilegia nem um deus em detrimento do homem, nem o homem em detrimento da natureza, nem a sociedade, nem o indivíduo. Ética, liberdade e conhecimento tornam-se as referências interiores a partir do momento que a pessoa integral é restaurada pela imaginação criadora. Esta restituição inverte a tendência niilista contemporânea, assim como toda e qualquer busca espiritual sem essa mediação não passa de crença ou dogma.

Todavia, não se trata aqui de adentrarmos em sendas perigosas de uma absolutização do saber ou da experiência, o que seria contrário à abordagem transdisciplinar que postula a coexistência de cada um dos níveis e, em última instância, uma realidade aberta. Com efeito, ela tende para uma *'integração da integração'*, mas de maneira livre e respeitando as diferenças e as singularidades, bem como a complexidade e a universalidade. Pois a epistemologia transdisciplinar, tanto quanto a experiência imaginal, postula um relativismo não absoluto e não sincrético baseado na idéia de que nenhum dos modos de conhecimento pode abarcar toda a realidade: *episteme*, mística e gnose são necessárias para se pretender caminhar em direção a uma 'unidade aberta' pluralizável. Assim, a busca de unidade se dá não tanto através do conflito entre não-contraditório e contraditório, mas através da tensão-relação entre diabólico e simbólico, através de correlação e cristalização de imagens ou de ideologias antagônicas e da busca de metaníveis integradores que, por definição, incluem as oposições do nível precedente. Trata-se de encontrar um modo de tratamento global, holista, não redutor dos problemas, que não exclui o reducionismo analítico. Trata-se também de, em cada espaço de transição, encontrar a postura interna adequada para dar liberdade ao pensamento.

5. CONCLUSÃO

Constatamos que de alguns séculos para cá a imaginação foi muito mais qualificada de fantasia, de ilusão, de fantasmagoria, de alucinação ou de recalque neurótico do que de aptidão ao conhecimento e espelho de revelação.

No entanto, descobertas recentes vêm confirmar os mitos antigos, demonstrando que a imaginação é anterior em relação à linguagem e à cognição. Da superposição mórbida e patológica das representações confusas, pode, no entanto, brotar a imaginação criadora, colocando-nos em contato com a realidade mais sutil. Muito mais, no novo paradigma que emerge do pensamento das epistemologias construtivistas e da transdisciplinaridade, a imaginação torna-se um método de conhecimento particularmente privilegiado nas ciências humanas, pois sem ela a hipótese de *'níveis de realidade'* conjugados a níveis de subjetividade torna-se dificilmente observável. A questão transcultural que não podemos desenvolver aqui também encontra respostas por intermédio dela (imaginação). Além disso, o possível diálogo entre artes, ciências, tradições e religiões sugerido pela Carta da Transdisciplinaridade elaborada em 1994 em Arrabida[26] encontra, com os diferentes níveis do imaginário, uma possibilidade de concretização real.

Em todas estas situações, parece importante redefinir o conceito do imaginário como lugar dos acontecimentos da história e da meta-história, assim como campo cognitivo e experimental, ou seja, como objeto do conhecimento do sujeito, no seio de uma ciência da particularidade que estabeleceria a relação entre indivíduo e cultura e que renovaria a ponte entre o conhecimento de fora, a *episteme* científica, e o conhecimento de dentro, tradicional. É preciso deixar ao homem a possibilidade de pensar e de se pensar tecnicamente e filosoficamente, mas também e de novo, de imaginar e de se imaginar simbolicamente.

---

[26] Nicolescu B., *La Transdisciplinarité – Manifeste*, Ed. du Rocher, 1996 (*O Manifesto da Transdisciplinaridade*, Ed. Triom, São Paulo, 2ª ed., 2001).

BIBLIOGRAFIA

Cabin P., *La Face rêvée de la modernité, Sciences Humaines*, nº 90, janeiro de 1999.

Corbin H., *Le Paradoxe du monothéisme*, L'Herne, reeditado: Le Livre de Poche, nº 4167, 1981.

Dortier J. F., *Comment classer le monde?* p. 16-21, em Revue Sciences Humaines nº 102 fevereiro de 2000.

Durand G., *L'Imagination symbolique*, Quadrige, PUF, 1964, 3ª ed. 1993.

Durand G., *Une Cartographie de l'imaginaire, Sciences Humaines*, nº 90, janeiro de 1999, p. 28-30.

Fabre M., *Penser la formation*, PUF, 1994.

Foucault M., *Les Mots et les choses, une archéologie des sciences humaines*, nrf, Gallimard, 1966.

Galvani P., *Quête de sens et formation*, L'Harmattan, 1997.

Holton G., *L'Imagination scientifique*, Gallimard, 1981.

Huneman P., Kulich E., *Introduction à la phénoménologie*, Armand Colin, 1997, p. 192.

Jouvet M., *Le Sommeil et le rêve*, Odile Jacob – Sciences, 1992.

Jung K. G., *Mysterium conjunctionis*, T 2, Albin Michel, 1989.

Lerbet G., *Bio-cognition, formation et alternance*, L'Harmattan, 1995.

Levy-Strauss, *Mythologiques, IV, L'Homme nu*, Paris, Plon, 1971.

Morin E./Piattelli-Palmarini M. (sob a direção de), *L'Unité de l'homme – T3 – Pour une anthropologie fondamentale*, obra coletiva, Points-Seuil, 1974.

Nicolescu B., *La Transdisciplinarité – Manifeste*, Ed. du Rocher, 1996 (*O Manifesto da Transdisciplinaridade*, Ed. Triom, São Paulo, 2ª ed., 2001).

Paul P., Communication au Premier Congrès Mondial de la Transdisciplinarité, Arrabida, 1994; publicado em *Transdisciplinarity – Transdisciplinarité*, obra coletiva, Hugin éditeur, Lisboa, 1999.

Piaget J., *La Formation du symbole chez l'enfant, initiation, jeu et rêve, image et représentation*, Delachaux et Niestlé, Paris/Neuchâtel, 1968, 5ª ed., 1970, 310 p..

Pineau G., *En Marche... dans quelles marges, vers quels coeurs?*

Smith P., *La Nature des mythes*, em *L'Unité de l'homme – T3 – Pour une anthropologie fondamentale*, obra coletiva sob a direção de E. Morin e M. Piattelli-Palmarini, Points-Seuil, 1974.

Tattersal I., *L'Émergence de l'homme – Essai sur l'évolution et l'unicité humaine*, Gallimard, 1999.

Virya V, *Kabbale et destinée*, Présence, 1986.
La Bible, tradução A Chouraqui, Desclée de Brouwer, 1989.
Dictionnaire hébreu/français, N. Ph Sander, I. Trenel, Slatkine Reprints, Genebra, 1991.

Conferência proferida no II Encontro Catalisador do CETRANS da Escola do Futuro da USP, no Guarujá, São Paulo, de 8 a 11 de junho de 2000

Martin E. Rosenberg é professor assistente de Comunicação, diretor de The Rhizome Hypertext Project no Business and Industrial Management Department da Kettering University, tendo desenvolvido estudos relacionados a crítica literária e literatura de língua inglesa. Há alguns anos defendeu, na Universidade de Michigan, uma tese na cadeira de Crítica Teórica e da Literatura do Século XX, com o título *Being and Becoming: Physics, Hegemony, Art and the Nomad in the Works of Ezra Pound, Marcel Duchamp, Samuel Beckett, John Cage and Thomas Pynchon.*

É músico, tendo estudado composição clássica, Arranjos e Apresentações de Jazz. Faz estudos interdisciplinares usando os conhecimentos e a prática musical juntamente com a literatura, as artes e as ciências em geral.

O *RIZOMA* do Xadrez e o Espaço de Fases: Mapeando a Teoria da Metáfora na Teoria do Hipertexto

Introdução

O *RIZOMA do Xadrez* é um hipertexto que construí para explorar – ultrapassando as fronteiras disciplinares – o alcance das referências do jogo, do tabuleiro, de suas peças, de suas regras e da função peculiar que o tempo desempenha no processo de desdobramento do próprio jogo (Fig. 1). O método que configura o desenho do *RIZOMA do Xadrez* foi desenvolvido com base no trabalho de Gilles Deleuze no que diz respeito à falsa criação que forja as ligações circunstanciais entre as disciplinas científicas, filosóficas ou artísticas com o propósito de conduzir investigações epistemológicas. O objetivo deste projeto é explorar a metáfora (ou tropos[NT1], de uma forma geral) como um espaço para o estudo interdisciplinar. Especificamente, *O RISOMA do Xadrez* explora a natureza instável da Teoria Metafórica Constitutiva (TMC)[NT2], em inglês Theory Constitutive Methaphor (TCM), de Richard Boyd, como base para a crítica epistemológica, mapeando a lógica dos desvios do tropo do xadrez que atravessam as fronteiras disciplinares, com a finalidade de tornar visível a função cultural destes desvios. As três lógicas específicas que este projeto de hipertexto procura modelar são:

1. **Genealógica**: é o desvio causal de um tropo de um usuário para outro.
2. **Ingênua**: é o uso opaco ou desinteressado de um tropo em particular com a aceitação plena de sua bagagem epistemológica.

[NT1] Tropos: figuras de linguagem e de pensamento

[NT2] Theory Constitutive Methaphor (TCM), a tradução sugere que é a metáfora que constitui a teoria e será representada neste texto sempre com a sigla TCM.

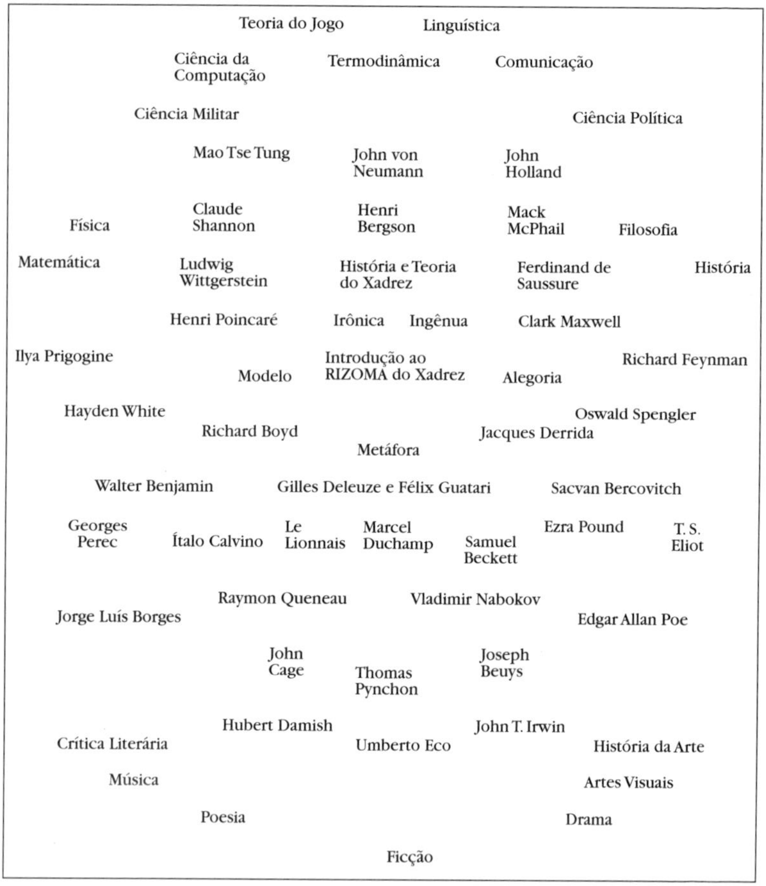

Figura 1. Mapa de navegação de *O RIZOMA do Xadrez*. As disciplinas acadêmicas estão distribuídas nas extremidades exteriores, enquanto que os autores de todas as disciplinas que usam metáforas, assim como a lista de conexões entre eles, estão agrupados no espaço mais interior, a fim de poder representar visualmente que a investigação do uso que eles fazem da metáfora fica em uma região que perpassa ou é subjacente às disciplinas tomadas individualmente.

3. **Irônica**: é o uso transparente e consciente de um tropo qualquer com uma perspectiva cética de sua bagagem epistemológica.

Mais tarde, ainda neste ensaio, debaterei os três tópicos acima como uma metodologia para um estudo interdisciplinar das ciências.

Outras indagações fundamentais sobre o papel das metáforas e outros tropos na formação da epistemologia no âmago das práticas científicas precisam ser feitas. Ao mesmo tempo, também devemos nos questionar sobre como empréstimos trópicos que migram das ciências para tropos que estão fora das ciências propriamente ditas acabam se tornando envolvidos por elas e são seduzidos por estas epistemologias. Em outras palavras: como aqueles que se encontram fora do círculo da ciência carregam a bagagem ideológica e epistemológica que depois é transferida para outras áreas por estes tropos? Até que ponto eles estão conscientes desta bagagem?

Para que possamos entender o que é possível saber em um momento histórico particular, Gilles Deleuze fala especificamente da necessidade de criar *links* (elos, ligações) entre conceitos filosóficos, construções artísticas e funções científicas. Ele ainda argumenta que a criação destes *links* exige uma certa flexibilidade, para que a mobilidade das conexões envolvidas reflita as circunstâncias do momento histórico em que as relações estão sendo estabelecidas. Chamo esse espaço conceitual onde esses *links* podem ser forjados de 'campo de imanência interpretativa', e este espaço deve ser definido quanto a estes *links* em si mesmos e quanto aos momentos históricos específicos em que diferentes áreas de conhecimento se cruzam. Este campo pode ser concebido em termos das estruturas de estabilidade variada que poderiam ser forjadas com a finalidade de interpretação (estruturas geralmente descritas a partir de referência a formas geométricas). Como alternativa, alguém poderia imaginar este campo em termos de *fluxos* no tempo perpassando essas estruturas (fluxos que geralmente são descritos a partir de referências ao funcionamento reversível de máquinas, ou a processos irreversíveis, como os dos sistemas auto-reguláveis). Estes fluxos indicam um processo de circulação significativa que atravessa as fronteiras disciplinares e é possível graças à criação dessas correspondências. O desvio genealógico ou causal de um tropo é um dos exemplos óbvios de como o campo pode ser concebido como um 'fluxo'.

Alguns temas que emergem de um questionamento da natureza deste campo de imanência interpretativa são: o problema da estabilidade de estruturas forjadas entre as fronteiras disciplinares e que atuam como estruturas de referências; e o problema de identificar a 'lógica' que governa os fluxos de significado através dessas estruturas em um dado momento histórico. Isto significa que os problemas causados pela prática de criar falsos *links* (de forma a possibilitar a criação de estruturas para viabilizar fluxos significativos) tornam-se visíveis quando confrontamos a estabilidade desses *links* com relação a este dado momento histórico. Isto é especialmente pertinente quando imaginamos que este momento está carregado de pressupostos epistemológicos e ideológicos que acabam envolvendo aqueles *links* e este momento de um modo complexo. Por exemplo, podemos nos apropriar da bagagem epistemológica de um tropo de forma inocente ou irônica.

O que chamo de 'campo' possui as propriedades tanto de estruturas sedentárias quanto de fluxos no tempo, pois estou tentando me manter consciente dos tropos que estou utilizando. Estes tropos, por sua vez, se referem às formas em que a geometria não-Euclidiana, como aquela inventada por Riemann, tem sido utilizada para a representação desta variedade de processos e estruturas:

1. *Formas geométricas estáticas atemporais.*

2. *Trajetórias causais de objetos em 4 dimensões que podem ser mapeadas com precisão.*

3. *Sistemas dinâmicos complexos, incapazes de serem reduzidos a estas trajetórias precisas, representados em espaço de fases.*

Estou relevando minha própria tropologia para que os leitores possam ver como estou me baseando no trabalho de Deleuze e Guattari, de forma a teorizar sobre a metodologia deles. Meu conceito sobre 'campo da imanência interpretativa' se parece muito com as noções de Deleuze e Guattari de 'plano consistente' ou 'plano de imanência'. Quando me refiro a estruturas e fluxos de comunicação também estou repetindo a distinção entre espaços estriados e lisos do trabalho de Deleuze e Guattari *Corpo sem Órgãos*.

A partir dessa perspectiva, elaborei um experimento mental para mostrar como certos tropos podem estar implícitos em certas epistemologias científicas e não em outras. Será que é possível mostrar um padrão de como certos tropos migram entre as fronteiras disciplinares e realizam certos tipos de trabalho cultural, para tornar visíveis as formas pelas quais metáforas como o jogo de xadrez podem se tornar sintomas de hipóteses epistemológicas fundamentais que percorrem um leque de disciplinas? E, como muitos pensadores utilizaram o xadrez como uma poderosa metáfora para descrever perspectivas básicas em um leque de disciplinas, enfoquei os tropos gerados pelo jogo de xadrez para realizar esse experimento.

Um ambiente de hipertexto me parece ideal para realizar este tipo de experimento mental. Mas um certo número de especulações sobre a natureza do espaço e tempo hipertextual nos levaram a debates similares sobre a função de metáforas na descrição de ambientes cibernéticos. Assim, tendo em mente a imagem da tira de Moebius, deixarei em primeiro plano o problema adicional do uso de um tropo derivado das ciências para representar estruturas e processos de pensamento no hipertexto, modelando hipertextualmente o problemático papel da metáfora na ciência interdisciplinar em si. Em outras palavras: eu gostaria de mapear a problemática da teoria da metáfora nas ciências transferindo-a para a questão da metáfora na teoria do hipertexto.[1]

As Propriedades Sedentária e Aleatória do Hipertexto

A retórica dos teóricos de hipertexto foi amplamente copiada da *avant-garde* literária e artística da era modernista. Entretanto, meus antigos trabalhos sobre hipertexto e sua extensão glo-

[1] Estou utilizando o termo 'hipertexto' por hábito. Não há dúvida de que o termo 'cybertexto', de Espen Aarseth, suplanta o velho termo 'hipe', precisamente porque capta as propriedades macroscópicas da interface cibernética e o alcance de sua textura visual, verbal e aural precisamente da forma que estou propondo aqui. Mas Aarseth não explora as bases científicas da topologia que propõe. (1-2. 94-95) Gostaria de expressar meus agradecimentos a Aarseth por seus úteis comentários, bem como por seu convite para apresentar parte deste projeto na Conferência de Artes Digitais e Cultura na Universidade de Bergen, Noruega de 24 a 26 de novembro de 1998.

bal através da World Wide Web (Rosemberg, *Invisibility, Portals, Physics*; Rosemberg e Killingsworth, *Icon, Evolution*) ofereceram uma crítica epistemológica às afirmações de que o hipertexto fornecia uma liberação artística e pedagógica. Ao analisar retoricamente as origens culturais e científicas dos tropos utilizados por teóricos do hipertexto, eu esperava tornar visível a inexorável geometricalidade do hipertexto, enquanto situava as afirmações de vários teóricos de hipertexto contra a invasão vanguardista do século XX na própria dominação geométrica da consciência humana. No início deste século, Henri Poincaré na matemática e Henri Bergson na psicologia e na filosofia, apresentaram críticas importantes sobre a dominação geométrica das estruturas cognitivas.[2] A crítica de Bergson ao manifesto de Kant, que dizia que a mente era determinada culturalmente, e a crítica de Poincaré quanto ao fato de a própria geometria ser um *constructo* social na moldagem de ocorrências da física, tornaram-se úteis para os artistas de vanguarda que procuravam destronar estas estruturas. Embora os teóricos do hipertexto tivessem reabilitado as mesmas geometrias que sua retórica liberal criticava, é possível conceber de novo o hipertexto em termos de outros espaços não-sedentários.

Tanto as estruturas estáticas quanto os processos de pensamento disciplinar podem ser formatados em hipertextos exatamente porque, até mesmo no nível de cognição, a mente humana pode recorrer a propriedades sedentárias da geometria como um princípio estruturador primário.[3] Tanto as estruturas geométricas quanto o esquema cognitivo são sintomas daquilo que Deleuze e Guattari chamaram de *arbóreo* ou *em formato de árvore* – ou seja: a formação linear e determinista como um dos modelos epistemológicos mais bem aceitos no pensamento Ocidental. Qualquer articulação do pensamento dentro de uma disciplina deve necessariamente refletir a natureza arbórea deste pensamento disciplinar – sua estrutura conceitual hierár-

---

[2] Podemos encontrar referências sobre isto na produção artística da vanguarda do começo do século vinte (Marcel Duchamp), na teoria literária e na filosofia contemporânea (Giles Deleuze), bem como na teoria de sistemas complexos aplicados tanto à física quanto às ciências cognitivas (Ilya Prigogine, Francisco Varela).

[3] As afirmativas de Lakoff, Johnson e Turner a respeito da natureza espacial/temporal dos esquemas metafóricos que estruturam a resposta fenomênica da mente aos estímulos externos, são sintomas dessas propriedades sedentárias. Suas afirmativas sobre "o corpo na mente" não explicam suficientemente a bagagem cultural pressuposta nestes esquemas metafóricos.

quica e o processo heurístico sequencial – não só nas representações entre as relações associadas entre fragmentos de informação, mas também nos procedimentos de criação de um sistema de informação estável para esses fragmentos. Por exemplo: o melhor sistema de hipertexto *StorySpace* de Jay David Bolter, Michael Joyce e John B. Smith, tem uma função de mapeamento que pode traduzir até os *links* mais associativos e impressionistas entre lexias na forma de uma árvore do tipo *divisão-classificação*, independentemente do fato de quanto esta tradução possa ser inadequada. A inexorável geometria do hipertexto pode se tornar indeterminada por dois aspectos que sugerem que a natureza sedentária da formação arbórea não é a única formação possível entre estruturas e processos de pensamento representados no sistema de hipertexto. Estas características exemplificam as propriedades aleatórias do hipertexto: ícones instáveis e trajetórias contingentes que parecem transformar aquilo que de outra maneira poderiam ser árvores ordenadas em labirintos rizomáticos.

Como Deleuze e Guattari argumentaram consistentemente, as características rizomáticas do pensamento encurtam o caminho de estruturas arbóreas e processos. Um rizoma é um aglomerado de elementos conectados que têm a capacidade de se agregar através de divisão simples, como nos extensos sistemas de raiz de grama de pasto no prado, que produzem uma coletividade viva que é independente das lâminas de grama individuais a partir das quais as raízes tiveram sua origem. Enquanto o pensamento de Deleuze e Gattari (exemplificado em seu trabalho de colaboração, *Mil Platôs*) ilustra as propriedades do rizoma, esta propriedade pode ser observada até mesmo no recente modo de conceber as bolsas de estudo interdisciplinares no mundo acadêmico. O mapa da teoria cognitiva de Varela, Thompson e Roch, por exemplo, oferece um modelo possível de rizoma interdisciplinar que atravessa as estruturas arbóreas das disciplinas acadêmicas tradicionais por situar uma variedade de profissionais das ciências cognitivas que se juntam por seus pressupostos epistemológicos e suas disciplinas de origem (Varela *et* al. 7). Este mapa também constitui um modelo da atividade de investigação da pesquisa das transdisciplinas como uma propriedade emergente: um fluxo não-linear no tempo, que leva à agregação de estruturas híbridas de informação e aos processos paralelos heurísticos. Sugiro que podemos visualizar esta pesquisa da transdisciplina através do hipertexto, já que os sistemas de hipertexto parecem 'naturais' para exibir as propriedades que podem exemplificar um rizoma como um princípio estrutural para uma nova formação de um novo conhecimento e processos inovadores do pensar.

Entretanto, apesar da distinção proveitosa entre as características arbóreas e rizomáticas do hipertexto, a retórica rizomática mais popular entre os teóricos do hipertexto deve ser analisada com cautela. As reivindicações feitas ao hipertexto sobre a 'não-linearidade', a 'contingência' e o 'deslocamento' devem ser caladas diante das características de extrema sedução de sua geometria léxica. Cada passagem através de um *link* marcado por um ícone é capaz de trazer o navegador de volta ao eterno retorno da mesma velha geometria – cujas propriedades continuam a estruturar nosso conhecimento e nossos processos cognitivos. Até agora, as tentativas feitas por teóricos e praticantes do hipertexto para demonstrar estas propriedades cognitivamente subversivas continuam sendo demasiadamente impressionistas. No mínimo essas características de ruptura criam um problema de *design* para os usuários. Em primeiro lugar, as *interfaces* de hipertexto são caracterizadas por ícones instáveis que conectam aleatoriamente espaços textuais e visuais, os quais podem ser estáticos ou contingencialmente sequenciais. Segundo, as trajetórias de e para estes ícones estão longe de ser previsíveis e, na verdade, chegam a um tal nível de complexidade que fica praticamente impossível navegar e mapear com alguma segurança e as operações cognitivas do usuário ficam longe de serem triviais.

Meu primeiro projeto de hipertexto para fazer o levantamento de modelos de procedimentos lógicos e associativos do pensamento na argumentação (*RHIZOME* [1989-1992], no Hypercard, com Tom Ellis, projeto ao qual Johnson-Eilola e Selber se agregaram em 1991) fracassou justamente porque não conseguimos predizer todas e quaisquer possibilidades da trajetória de navegação dos usuários alunos, que reclamavam estarem perdidos. Meus alunos sonhavam com um espaço transcendente onde eles pudessem parar o mundo hipertextual, podendo assim sair e descobrir onde se encontravam, a partir de uma perspectiva global de seus deslocamentos locais. E apesar disto, o valor pretendido deste programa foi definido pela sua capacidade de guiar os estudantes fenomenológicamente através de passos sequenciais do pensamento associativo e lógico – passos estes marcados por ícones que servem de portais a sequências lineares ou recursivas.

Em 1995, M. Jimmie Killingsworth e eu descrevemos da seguinte maneira os problemas com o projeto e a documentação de interfaces guiadas por ícones com os quais os programadores de hipertexto se confrontam: "Como podemos representar as trajetórias recursivas múltiplas e lineares possíveis de um dado ponto (que para nossos propósitos frequentemente significam um ícone) e voltar a este ponto outra vez, para que os usuários não tenham que tropeçar nas possibilidades de uso deste programa?" (*Ícone*, 220). Assim como uma função-signo de Peirce semelhante a um ponto no espaço de fases (notem minha invocação desta metáfora da física), o ícone adquire propriedades contingentes simplesmente por tornar-se embutido em sequências diferentes, dependendo da direção de onde e para onde o usuário está navegando. Nós colocamos isto de outra forma:

> *É fácil representar ícones e funções quando estes pontos e suas potenciais trajetórias, que indicam a função do usuário, se mantêm fixos e estáveis. Mas qualquer ícone precisa se manter necessariamente instável em um programa complexo. O ícone instável é um ponto aleatório no campo cibernético fluxional: é um espaço de fases que é perpetuamente circunstancial, já que fica envolvido em uma ou outra cadeia crescentemente complexa de caminhos e destinos possíveis, incluindo o link visual daquilo que parece ser o mesmo ícone.* (220)

Cada ícone pode ser pensado como um signo para uma ocorrência da cibernética que está em uma sequência de navegação que tem *link* com outras ocorrências da cibernética. Podemos, inclusive, usar o que na física é chamado de um 'cone de ocorrências' para mapear antigas e novas ocorrências-ícone possíveis que podem ter uma relação sequencial causal ou de navegação com uma determinada ocorrência-ícone no presente. É claro que a presente ocorrência-ícone é a primeira tela disponível para o usuário, a qual oferece uma série de opções para futuros caminhos através do hipertexto, bem como a possibilidade de reverter a trajetória. A 'Zona Desconhecida'[NT3] marca ocorrências; e, por analogia, ocorrências-ícone, que não podem ser causadas por ocorrências anteriores ou futuras. (Fig. 2)

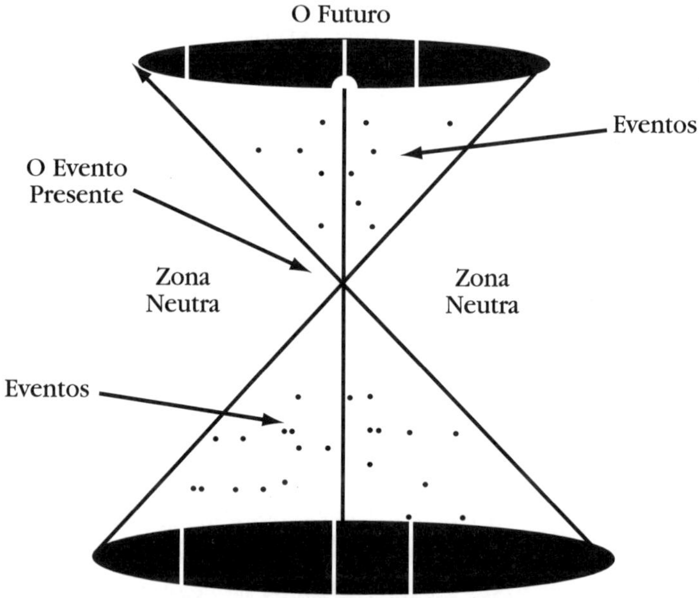

Figura 2. Um Cone de ocorrências que mapeia as possibilidades de sequências causais a partir de uma ocorrência passada para uma ocorrência futura, através da mediação da ocorrência presente

Se a complexidade de um evento exigir simultaneamente um mapeamento de múltiplas dimensões, poderemos então entender como um evento presente tem uma maior amplitude de banda de causalidade do que pode ser representado por um único espaço bidimensional. A partir de um evento qualquer, nunca podemos realmente dizer o que é impossível, tanto na física quanto na previsão das possibilidades de navegação para

[NT3] No vocabulário brasileiro de informática, 'Zona Desconhecida' é a denominação que aparece no canto direito inferior da tela quando esta ainda não acabou de ser aberta mas está prestes a ser desvendada.

os usuários de hipertexto.

O domínio virtual da pesquisa interdisciplinar pode ser definido como "um campo complexo e imanente que compreende a interseção dos planos da formação disciplinar que seriam impossíveis de se representar com precisão absoluta". Este ensaio procura explicar minuciosamente o que Killingworth e eu queremos significar com 'espaço de fases cibernético' e proporcionar uma experiência mental, especificamente para descrever as propriedades da pesquisa interdisciplinar em um nível de metáfora que pode ser mapeado nesse espaço determinado. Se alguém girar o mapa de um cone de ocorrências em 45º, o conjunto de pontos do quadrante superior direito vai proporcionar um visual tosco análogo para o diagrama do espaço de fases e com a previsão de que o ponto não irá mais se referir a uma simples ocorrência, mas sim a um flagrante instantâneo da situação em que se encontra todo o sistema no tempo. Meu argumento é o de que cada evento-ícone do sistema de hipertexto deve ser concebido exatamente assim como um instantâneo de todo o sistema no tempo e não apenas como uma tela única e isolada, com simples *links* para outras telas.

A Metáfora do Espaço de Fases

Espaços de fases são modelos visuais do comportamento temporal de sistemas dinâmicos complexos. Os diagramas dos espaços de fases[4] também podem ser usados, por analogia, para modelar a sensação do usuário do campo imanente de interfaces do hipertexto expandido – para mapear a interseção da formação disciplinar no nível metafórico. Se os simples eixos 'x-y' da geometria Euclidiana podem representar sistemas e eventos em termos de um único campo geométrico, então, depois de certo ponto, quanto mais complexo ficar um sistema, maior será

[4] Diagramas de espaço de fases mapeiam o acúmulo de um conjunto de pontos que representam uma gama de vizinhanças, que não podem ser reduzidas à matriz da horizontal do espaço e da vertical do tempo. Este irredutível "conjunto de pontos" descreve o conceito de conjuntos em espaço de fases que são utilizados para descrever a larga escala de comportamentos de sistemas complexos que são incapazes de ser mapeados de maneiras precisamente deterministas por causa do papel inerente que a contingência tem no comportamento destes sistemas. Os termos 'ergódico', 'quase-ergódico' e 'não-ergódico' (usados amplamente por Espen Aarsech para descrever ambientes cibernéticos) referem-se a descrições de tais ambientes. Quando há uma gama de resultados possíveis no tempo para o comportamento de um sistema, há maior necessidade de representar graficamente esta gama em vez da localização e trajetória de cada elemento individual contido no próprio sistema.

a possibilidade de variação que pode acontecer, no futuro, em qualquer ocorrência desse sistema. Consequentemente, a capacidade da geometria Euclidiana para mapear com precisão a extensão destas variações das trajetórias de causa-efeito entrará em colapso. Segundo Ilya Prigogine, este problema de identificar as relações causais em um sistema complexo, sem recorrer à precisão do conhecimento da situação original daquele sistema (sua condição inicial) foi solucionada até certo ponto pela teoria de conjuntos de Gibs-Einstein (Prigogine e Stengers 247-53). É então que o espaço de fases tenta representar o estado de um sistema em qualquer número de dimensões dadas. Este sistema se transforma, segundo as palavras de Prigogine, "em um conjunto de pontos – ou seja, os pontos correspondentes aos vários estados dinâmicos compatíveis com a informação que temos referente ao sistema" (247). O espaço de fases representa as circunstâncias futuras possíveis para esse sistema. Neste sistema, o objeto individual, com seu próprio tema e com uma gama de trajetórias possíveis, acaba ficando envolvido em uma rede de complexos relacionamentos com outros objetos, cada qual com sua própria trajetória. (Fig. 3) Cada ponto do espaço de fases representa não um objeto, mas sim uma determinada condição de todo o sistema, a qual tem uma certa densidade de relacionamento com outros pontos que representam outras situações. Cada um destes outros pontos serve como uma possível alternativa de destino para esse sistema, de tal modo que o espaço de fases realmente mapeia uma série de futuros eventualmente possíveis.

A teoria dos conjuntos de Gibs-Einstein e sua representação matemática e gráfica do espaço de fases permitem a integração bastante útil e precisa de duas estruturas de referência aparentemente incompatíveis:

1. *As leis da dinâmica, precisas e reversíveis, são apresentadas como se pudessem ser reduzidas a uma estrutura geométrica que pode mapear o passado e o futuro de um sistema com certeza absoluta.*

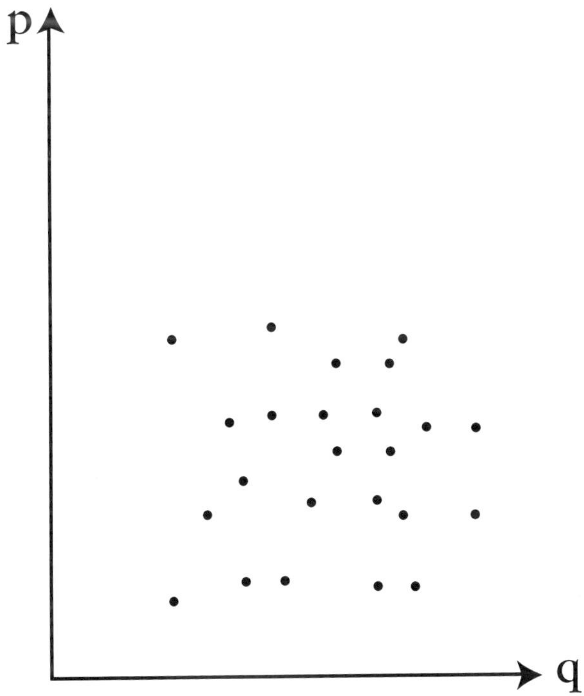

Figura 3. Conjunto de Gibbs. Cada ponto representa uma situação futura diferente para o sistema como um todo. Por analogia, no espaço de fases hipertextual, cada ícone representa uma linha de extensão conceitual diferente e também uma entidade estatística em uma estrutura de informação.

2. O ponto de vista estatístico, exemplificado por processos estocásticos irreversíveis e uma série de outros sistemas complexos.

Enfim, como uma forma geométrica, o espaço de fases proporciona um caminho para mapear aquilo que Prigogine e Stengers chamam de "sistemas randômicos instrínsecos" – ou seja, sistemas complexos que abrangem ocorrências que envolvem posicionamentos subjetivos de entidades distribuídas em um número potencialmente infinito de dimensões. Cada dimensão, por sua vez, exige uma representação em sua própria estrutura geométrica de referência, sendo que uma série de dimensões somente pode ser representada por meio de geometrias não-euclidianas.

Monadologia, Nomadologia e o Posicionamento Subjetivo de *Designers* e Usuários de Hipertexto

Aqui estou repetindo o uso que Deleuze faz do conceito de 'mônada' de Leibniz e do conceito de 'nômade' de Nietzsche, a fim de conceituar a dificuldade de dar conta de um a um dos posicionamentos subjetivos de cada uma das entidades de cada dimensão de uma fase momentânea em particular. Enquanto o conceito de 'mônada' refere-se à visão de mundo articulada (e à trajetória de espaço-tempo) de uma única entidade em seu posicionamento subjetivo dentro de um sistema dinâmico, o conceito de 'nômade' refere-se à condição circunstancial no comportamento dessa única entidade dada a impossibilidade de mapear seu comportamento futuro. Este é o momento em que a analogia do espaço de fases já pode ser aplicada. Enquanto pode ser necessário para qualquer programador conceber toda e qualquer trajetória de qualquer usuário em particular em qualquer lugar do programa, especialmente no que diz respeito à história da participação deste usuário na extensão da capacidade deste programa, este tipo de controle é impossível. Enquanto parecer necessário que algum programador imagine todos os caminhos possíveis de todos os usuários em particular (caminhos que podem ser criados a partir de qualquer ponto do programa, especialmente no que diz respeito à história da participação desse usuário na amplitude daquilo que este programa é capaz) este controle sobre sua utilização é impossível. Assim, enquanto o *web designer* pode tentar mapear todas as possibilidades lineares e recorrentes para movimentos sequenciais, o que o usuário vivencia de um momento para o outro é, na verdade, um complexo enevoado de caminhos possíveis – em outras palavras: é mais uma textura do espaço de fases do que um emplotamento linear. Existem inúmeros exemplos de sistemas que destacam em primeiro plano os aspectos circunstanciais envolvidos na história de qualquer uma das unidades no interior deste sistema. Estas circunstâncias vão desde o problema em três tempos de Poincaré até as órbitas das estrelas de todo um sistema galático; desde os fenômenos das oscilações químicas dos pergaminhos, como na reação de Beloushov-Zaboutinski (BZ), até catálises não-lineares ou sínteses auto-geradas; e vão mais além, até sistemas complexos sobre o comportamento humano e sistemas de invenções humanas, como ambientes cibernéticos. Em toda e qualquer circunstância – da astronomia solar à galática, da mecânica quântica até processos químicos longe de serem equilibrados – há uma rejeição formal do mapeamento causal preciso de cada caminho que possa ser criado.

O tropo do espaço de fases nos permite pensar sobre a natureza inexoravelmente geométrica da interface do usuário gráfico de sistemas de hipertexto de uma forma completamente nova: não simplesmente em termos de estruturas estáticas e caminhos causais precisos, mas também em termos de um campo que seja capaz de descrever uma série de possibilidades eventuais para navegação disponíveis em qualquer ponto-ícone no funcionamento desse sistema. Assim, a tela do espaço de fases representa a experiência do posicionamento subjetivo de usuários individuais em termos de suas interações entre pontos como se fossem ícones, sendo que cada ícone representa linhas individuais de *flights* em relação a condições futuras, interações que permanecem resistentes a qualquer previsão, mas que continuam a ser descobertas pelo usuário. Para os *web designers* de programas sofisticados que contêm uma infinidade de ícones ou pontos aleatórios através dos quais os caminhos dos usuários podem ser traçados, a tarefa não é, de fato, mapear cada caminho criado (pois isto seria impossível), mas sim conceituar plenamente as lógicas de navegação que regem as relações entre esses pontos aleatórios. Quando estas lógicas são familiares (como acontece nas formatações em árvore ou nas divisões e classificações), as formas de pensamento e os procedimentos de pensar modelados no hipertexto também serão familiares.

Como estamos falando sobre ícones que, por serem estruturas e processos de pensamento, são influenciados por sistemas de hipertexto por analogia a processos complexos da física e da ciência cognitiva, pode ser que seja útil, neste ponto (de nossa exposição), fazer referência ao trabalho de Henri Poincaré. Poincaré construiu uma analogia semelhante a esta com a finalidade de descrever processos de criatividade que estavam fora dos limites dos padrões de referência habituais nas disciplinas de matemática e física. Seu modelo de criatividade nos ajuda a conceituar o que este hipertexto tenta visualizar no que diz respeito à pesquisa interdisciplinar.

Os Átomos Dependurados de Epicuro: a Metáfora Estendida de Poincaré

Usando a linguagem da termodinâmica e tomando como referência os átomos dependurados de Epicuro, Poincaré escreve a respeito do estágio de criatividade que ele denomina 'iluminação': "durante um período de aparente repouso, mas de trabalho inconsciente, alguns desses átomos desligaram-se da parede e puseram-se em movimento. Eles irrompem abrindo caminho pelo espaço em todas as direções, como as moléculas gasosas, na teoria cinética dos gases." Poincaré descreve o modo de pensar habitual como se este estivesse ancorado em um molde inercial representado por uma metáfora espacial de paredes nas quais os pensamentos estariam dependurados. Descrevendo o pensamento liberado como sendo o produto de um momento de 'iluminação' que dá início a processos de pensamento entrópicos capazes de realizar reordenações espontâneas, desde que estes pensamentos estejam desatrelados, ele caracteriza a substância do pensamento em termos das propriedades físicas de sistemas reversíveis e irreversíveis. Poincaré queria aplicar estas referências físicas como tropos do pensamento navegando através de fronteiras do sistema conceitual. Enquanto dizia "Minha comparação é muito crua, mas não posso ver outra forma de explicar meu pensamento" (*Science and Method*, 61), a sua expectativa era a de que seus leitores considerassem seriamente essa correspondência figurada. Esta tática é especialmente fascinante uma vez que ele deduz que os tropos constituem um limite linguístico para sua habilidade de explicar algo crucial sobre seu próprio modo de pensar. Mais ainda, ele acreditava que estes pensamentos flutuantes tinham a capacidade de se auto-organizar de uma forma irreversível, prevenindo a volta daqueles pensamentos-átomos à sua posição original nas paredes. Estes enxames podem realmente dominar as estruturas que os contêm; podem até mesmo exigir a reorganização das estruturas sedentárias das próprias paredes. Poincaré descreve, assim, como pode ser criado um novo campo de conhecimento, como é o caso da ciência cognitiva, como sugerem as referências prévias a Varela, Thompson e o mapa de Rosch.

O mapeamento do espaço de fases de ícones aleatórios e os 'passeios aleatórios' de uma Teoria Metafórica Constitutiva como no xadrez, acontecem simultaneamente em trajetórias de cruzamento disciplinar, sendo que cada uma delas representa uma linha de investigação no trabalho cultural da metáfora (como em Moebius). Se formos ver o hipertexto como um meio de explorar a forma de pensar verdadeiramente interdisciplinar, então deveríamos enfatizar justamente esta circunstância bifurcando perpetuamente as áreas como um espaço privilegiado dentro do qual os estudantes poderiam achar os próprios caminhos labirínticos para novas soluções para problemas que formalmente residem em velhas cidades muradas. Por causa da natureza altamente circunstancial das estruturas hipertextuais e da natureza aleatória de seus ícones de *link* como funções-signo, poderíamos imaginar novas formas de organizar informações que são contrárias à rigidez disciplinar. A Teoria Metafórica Constitutiva do xadrez representa uma de uma série de tropos para os quais estas relações aleatórias podem ser mapeadas e *O RIZOMA do Xadrez* representa uma destas perspectivas. Espero poder indicar formas específicas para seguir a investigação interdisciplinar na ciência, na filosofia e nas artes. Talvez através da modelagem hipertextual, de campos conceituais não-sedentários, não-lógicos que se formam contingencialmente entre as disciplinas e que subjazem as disciplinas, poderemos identificar certas propriedades formais do comportamento conceitual que são tanto passíveis de serem aplicadas quanto de serem repetidas: ou seja, passíveis de serem traduzidas para uma variedade de investigações interdisciplinares. Este efeito pode ser criado até mesmo com os elementos mais básicos da linguagem de programação de hipertexto. Vamos agora explorar as propriedades formais de uma investigação interdisciplinar específica sobre uma metáfora específica.

O Xadrez como Metáfora, Modelo e Alegoria

O tabuleiro de xadrez tanto representa visualmente um tropo quanto modela dinamicamente pressupostos sobre reversibilidade temporal que estão subjacentes nos cálculos de Newton e Leibnitz. O jogo de xadrez tem sido empregado por físicos e matemáticos (Richard Feynman, Henri Poincaré, François, le Lionnais, John von Neumann), linguistas (Ferdinand de Saussure), teóricos da informação (Claude Shannon), cientistas da computação (John Holland), filósofos e críticos (Ludwig Wittgenstein, Walter Benjamin, Gilles Deleuze e Félix Guattari), artistas (Marcel Duchamp, Joseph Beuys), personalidades literárias (Ezra Pound, T. S. Eliot, Samuel Beckett, Jorge Luis Borges, Vladimir Nabokov, Thomas Pynchon), músicos (John Cage) e muitos outros como uma metáfora constitutiva da teoria que se está procurando ilustrar. Até mesmo o tabuleiro em si simboliza o pressuposto de um 'Ser' subjacente platônico atemporal que está por detrás do encadeamento causal de acontecimentos violentos que este 'esporte dos reis' retrata de uma forma abstrata.

Os jogadores de xadrez são capazes de façanhas prodigiosas com a memória, façanhas que até os matemáticos invejariam. Assim como o cálculo, o xadrez também molda a cultura do controle das possibilidades circunstanciais de causa e efeito. Isto acontece congelando os eventos em uma série de estruturas estáticas (mais como uma única imagem de cinema de uma série do que um quadro). Estas estruturas são pensadas pelos jogadores que estão tentando manipular o jogo para a sua sequência preferida de causa e efeito, que os levará à vitória em um determinado ponto no futuro. Nos momentos que se seguem a cada movimentação do jogo, o tempo pára, deixando uma gama silenciosa de futuras possibilidades em resposta aos possíveis movimentos esquematizados na mente dos jogadores. Embora estes silenciosos futuros pareçam ser um enevoado de opções para aqueles que estão observando o jogo, os jogadores devem manter a ilusão de um mapa determinista. Mas não importa quem 'vença' através das regras e das consequências do embate da guerra: o xadrez também expressa a alegoria do conceito histórico da termodinâmica clássica de que a civilização encontra-se a si mesma, automaticamente fazendo desaparecer inevitavelmente (em favor de um equilíbrio cultural) o final do jogo entrópico da morte acalorada de sistemas naturais e culturais fechados e o fim do jogo para os dois Reis. Enquanto uns utilizam o xadrez como um modelo para modelar o mecanismo da história com referência à alegoria termodinâmica que rege o processo de declínio cultural, para outros, como Marcel Duchamp, o tabuleiro se transforma também em um local para uma atividade alegórica criativa. Para Duchamp, a arte se tornou um evento distribuído, a ser mapeado contra o campo estriado da cultura moderna obcecada com a alegoria da dissipação da cultura e o xadrez visualiza fenômenos virtuais e intersubjetivos que são exemplificados por relações de cumplicidade entre o artista e o patrocinador no espaço concreto de um museu.

Ao oferecer estas metáforas, padrões e alegorias, o jogo de xadrez parece carregar uma considerável bagagem de dois grandes pressupostos da física. Primeiro, as leis que governam a dinâmica do jogo são simétricas no que diz respeito ao tempo e espaço e permanecem simples, assim como imutáveis. Segundo, suas peças formam, no conjunto, um tipo de maquinaria e se comportam de uma forma análoga ao sistema fechado termodinâmico, como um motor movido a calor que vai chegando ao equilíbrio gradualmente. O controle – ou seja, o mapeamento e a atuação de relações causais – tem suas limitações e impotências diante das circunstâncias históricas e não importa qual alegoria estamos construindo para mediar a incerteza que sentimos por causa desta impotência. O xadrez envolve uma grande narrativa gerada por uma cultura de controle no sobretempo. Esta narrativa tem como premissa a habilidade que as regras do jogo apresentam para reduzir as contingências inerentes à história deste sistema fechado no estriamento dos futuros projetados – circunstâncias que podem ser mapeadas com precisão, mas que também continuam sempre ameaçadas pelo possível final do jogo com a morte das peças principais. A partir desta vantagem, podemos agora direcionar a relação entre a metáfora e a epistemologia nos sistemas de conhecimento que construímos para nós mesmos.

O Xadrez como uma Metáfora que Constitui a Teoria

Richard Boyd argumenta a favor do papel central da metáfora na ciência pura, notando que a metáfora serve como "um entre os vários artifícios que estão disponíveis para que a comunidade científica realize a tarefa de acomodação da linguagem à estrutura causal do mundo" (Boyd, 483). Aqui ele pressupõe que a linguagem pode denotar a realidade, que nossas categorias linguísticas "cortam o mundo nas suas articulações" (483). Thomas Kuhn desafiou Boyd neste ponto ao questionar se "as sucessivas teorias cientificas providenciam claras e sucessíveis aproximações com a natureza". Isto permite a Pylyshyn comentar ironicamente o fato de alguns cientistas fazerem referência às metáforas 'literais' e 'figurativas'. Seguindo a tradição de Poincaré e de Bergson, Pylyshyn mostra a retificação da geometria na ciência Ocidental como exemplo de como as metáforas podem se tornar literais simplesmente pelo modo como os cientistas fazem os pressupostos básicos dessa metáfora se tornarem invisíveis para si mesmos. Ele vai mais longe ainda quando provoca as *tropologias* que subjazem no paradigma computadorizado da inteligência artificial dizendo que elas são a mais recente manifestação desta dimensão 'literal' de formação de analogia – este paradigma está exemplificado no mais recente ensaio de Claude Shannon, cujo título é 'A Chess-Playing Machine' (Uma Máquina que Joga Xadrez).

Além disso, Gentner e Jaziorski narram o momento histórico dos primórdios da modernidade, quando a cultura prolífica das 'metáforas mistas' (472) que seguiam determinados métodos especulativos alquímicos, foi cedendo aos poucos a abordagens muito mais circunspectas da formação de analogias exemplificadas pelas comparações tomadas uma a uma, representando a pesquisa científica clássica.[5] Mais recentemente, o historiador e teórico da metáfora James Bono enfatizou a importância das tradições vitoriana e neo-nietzscheana nas ciências humanas, que destacaram a irredutibilidade da metáfora para o estudo cultural da ciência. Estes *links* entre a teoria literária, a retórica e a filosofia da ciência deveriam adicionar um nível de rigor aos recentes debates sobre o valor dessas investigações de práticas científicas realizadas por aqueles que estão por fora das características das ciências.

No entanto, o que eu gostaria de trazer para uma discussão a respeito da Teoria Metafórica Constitutiva de Boyd é precisamente a tentativa de Deleuze de se deslocar para além das diferenças epistemológicas entre a profusão interdisciplinar do discurso alquímico e das cuidadosas formações de analogia do tipo 'uma por uma' das práticas científicas clássicas. O conceito da Teoria Metafórica Constitutiva continua válido exatamente por causa das controvérsias que cria e que podem esclarecer o trabalho cultural do jogo de xadrez. Quando lemos Boyd cuidadosamente, achamos que a TCM é instável, pois paira entre duas utilizações contraditórias:

1. como *constitutiva* de pressupostos da área da qual ela é proveniente; e

2. como um *portal* que abre novas áreas em potencial.

Dizer que o tabuleiro de xadrez vale como um tropo visual e dizer, por analogia, que o pressuposto de um ser subjacente, platônico e atemporal está por detrás da cadeia causal das ocorrências trágicas, faz com que fique visível um certo pressuposto epistemológico fundamental que está operando tanto no trabalho pesado quanto nas ciências humanas. Esta hipótese, des-

[5] Eles fazem isto para enfatizar as condições culturalmente poéticas de onde surge a prática científica – uma abordagem ao estudo da ciência exemplificado por Fernand Hally em seu *The Poetic Structure of the World*, estudo magistral sobre as bases trópicas para a formação de hipóteses no trabalho de Copérnico e Kepler.

construída recentemente pelo trabalho de Ilya Prigogine e Isabelle Stengers, vê o tempo simplesmente como uma função matemática reversível. Como todas as ocorrências podem ser reduzidas a uma grade geométrica espacialmente reversível, pressupõe-se que leis simples e imutáveis possam explicar todos os fenômenos complexos, simplesmente mapeando com precisão os *links* de causalidade. Claro: de acordo com Prigogine e Stengers, o tempo é simultaneamente irreversível e irredutível. Portanto, o valor do xadrez como ilustração da primeira função da Teoria Metafórica Constitutiva está na capacidade de revelar seus diversos modos de apropriação ingênua ou irônica.

Trajetória Genealógica

Os usuários do *RIZOMA do Xadrez* podem explorar a deriva genealógica do xadrez através das disciplinas. Por exemplo: Marcel Duchamp alcançou o *status* de mestre no jogo internacional de 1925 e foi co-autor, junto com Vitaly Halberstadt, de um trabalho sobre a teoria da oposição e o final do jogo: *Opposition et les cases conjugées sont reconciliées* (1932). Naquele ano Duchamp jogou, em um torneio da cidade de Paris, contra François le Lionnais, um matemático, teórico do jogo e futuro fundador do movimento vanguardista 'OULIPO', de poesia e ficção. Duchamp ganhou o Torneio de Paris, em 1933, e traduziu a obra prima de Znosko-Borovski sobre os movimentos de abertura *"How to Play Chess Openings"* (1934). Duchamp também jogou xadrez com Samuel Beckett durante nove anos enquanto morava em Paris entre as duas guerras mundiais. Beckett escreveu *Endgame*, onde a relação formal de oposição entre os personagens pode ser analisada de acordo com as regras do tratado de xadrez de Duchamp. Duchamp também ensinou John Cage a jogar xadrez quando eles moraram em Nova Iorque nos anos cinquenta. Cage organizou eventos de xadrez em que havia uma gravação em fita que era disparada eventualmente em meio aos movimentos das peças no tabuleiro e, tanto o tabuleiro quanto as peças, estavam ligados a uma tomada. Marcel Duchamp foi um dos jogadores da primeira performance; sua mulher, Teeny Duchamp, jogou na última performance, logo após a morte de seu marido em 1968. Duchamp também jogou xadrez com Vladimir Nabokov, que escreveu o livro *The Defense*, modelado segundo um jogo de xadrez. Foi Nabokov também que ensinou literatura e escrita criativa a Thomas Pynchon, cujo livro *Gravity's Rainbow* faz inúmeras referências ao xadrez, assim como também a um personagem chamado 'Marcel, o robô jogador de xadrez' (Rosenberg, *Invisibility, Portals*). Porém, a genealogia que representa fluxos que se propagam através dos campos da imanência interpretativa é apenas uma das lógicas trópicas mapeadas por *O Rizoma do Xadrez.*

A página de Duchamp (Fig. 4) tem um *link* direto (como todas as demais) com o mapa de navegação, que provê acesso à visão transcendente de *O RIZOMA do Xadrez* com o objetivo de orientar e oferecer perspectivas. No alto da página, há ícones que (neste estágio do projeto) levam a três trabalhos primordiais:

- ✓ A pintura *The Chess Game* de 1910.
- ✓ Uma transcrição da partida entre Duchamp e le Lionnais no Torneio de Paris em 1932.
- ✓ O tratado de xadrez *Opposition et les cases conjugeés sont réconciliées.*

À esquerda, podemos encontrar uma variedade de *links* de navegação (representados por colunas verticais ao invés de um aglomerado) organizados nas duas categorias lógicas mais relevantes para o uso do xadrez como Teoria Metafórica Constitutiva segundo Duchamp: a Genealógica e a Irônica. É importante observar que a função de justaposição da TCM é utilizada por diferentes autores, inclusive Duchamp, de tal forma que as pessoas podem imaginar metáforas irônicas que se multiplicam genealogicamente. À direita, há ícones que permitem o *link* com telas que representam como esta metáfora em particular pode funcionar dentro de disciplinas acadêmicas específicas. Mas aqui a chave é que a pessoa pode seguir uma pesquisa de relações estritamente genealógicas como um plano de imanência interpretativa, ou outro plano qualquer de mudança de direção, e pesquisar as utilizações ingênuas ou irônicas da TCM. Estas lógicas podem se justapor de tal forma que os diversos planos de imanência interceptados nos caminhos tornam difícil a representação em três dimensões.

Marcel Duchamp

Jogo de Xadrez
Jogo nº 11:Torneio Parisiense de Masters
Oposição e Quadrados

Tópicos de Lógica

Genealógica:
- Beckett
- Bergson
- Beuys
- Cage
- Damisch
- Derrida
- Le Lionnais
- Poincaré
- Pynchon

Outros Usos Irônicos da Teoria Metafórica Constitutiva

- Beckett
- Benjamin
- Cage
- Deleuze
- Guattari
- McPhail
- Nabokov
- Prigogine
- Pynchon
- Wittgenstein

De volta à Teoria Metafórica Constitutiva de Boyd

(Os usuários do RIZOMA do Xadrez podem usar este espaço para notas)

Disciplinas

História da Arte
História

Crítica Literária

Matemática

* Geometria Não-Euclidiana

Física
Artes Visuais

Mapa do Rizoma do Xadrez

Figura 4: A página de Duchamp

Trajetória Ingênua

Outra lógica trópica mapeada por *O RIZOMA do Xadrez* é a trajetória da apropriação ingênua. Por exemplo, Richard Feynman usa o tropo do xadrez indiscriminadamente para descrever as suposições reducionistas que governam a busca das leis simples que determinam a natureza reversível e simétrica de interações da partícula na eletrodinâmica quântica. Em outras palavras, para Feynman, as leis que governam o movimento das peças de xadrez no arranjo simétrico das casas do tabuleiro captam precisamente as regras que governam as multiplicações e colisões de ondas sub-atômicas e partículas independentemente da direção do tempo. Ferdinand de Saussure utiliza as regras do xadrez para descrever as leis gerais (*langue* – língua), que governam a perspectiva sincrônica e diacrônica de um discurso particular (*parole* – palavra) na linguística estrutural. Claude Shannon usa um computador que joga xadrez para evidenciar as leis precisas, lineares e sequenciais que programam o paradigma computacional da inteligência artificial. Estes pensadores aceitam sem questionar a hipótese reducionista e a perspectiva reversível da causalidade estrita e esta aceitação atravessa fronteiras disciplinares de uma forma que se torna visível precisamente porque eles parecem compartilhar uma aceitação acrítica da capacidade do tropo do xadrez (como uma Teoria Metafórica Constitutiva) para "destrinchar o mundo em suas articulações". Por recorrer à mesma apropriação ingênua do tropo do xadrez, estes pensadores demonstraram, com respeito à física, à linguística e às ciências da computação, que compartilham de um conjunto de pressupostos sobre a natureza do tempo e da causalidade.

Trajetória Irônica

Contrastando com isso, Marcel Duchamp tenta visualizar e ironizar as implicações culturais do xadrez como uma metáfora constitutiva da perspectiva reversível, proveniente da física. O seu tratado de xadrez a respeito do jogo final explora com ironia manifesta as formas pelas quais os jogadores de xadrez mapeiam os eventos para controlar a futura trajetória do sistema de xadrez. Ele faz isto isolando as condições iniciais através das quais as circunstâncias eventuais e as circunstâncias irreversíveis do erro mental se esgueiram inevitavelmente para um ritual superdeterminado para evitar a derrota retardando o fim do jogo o máximo possível. Ludwig Wittgenstein também utiliza o xadrez ironicamente em *The Rejection of Logical Atomism* para disfarçar a inadequação de qualquer sistema de regras que tente explicar atos comunicativos sem levar em consideração o fato de que estes atos ocorrem em um sistema que não é atemporal e silencioso, mas sim no tempo irreversível do mundo.

Walter Benjamin refere-se ao xadrez e às suas leis ironicamente como sendo uma analogia do ceticismo que está subjacente na teoria marxista da história:

> *A estória conta que um autômato foi construído de tal maneira que ele sabia jogar um jogo de xadrez que sempre vencia, respondendo cada movimento de um oponente com um contra-movimento. Uma marionete vestida à moda turca, trazendo na boca um "hookah", sentou-se diante de um tabuleiro colocado sobre uma grande mesa. Um sistema de espelhos criava a ilusão de que essa mesa era transparente de todos os lados. Na verdade, um corcundinha que era um excelente jogador de xadrez, estava sentado dentro da marionete e guiava a mão dela por meio de fios. Pode-se imaginar o lado filosófico desse truque. A marionete, chamada de 'materialismo histórico' vai ganhar o tempo inteiro. Isto bem que poderia ser um jogo para qualquer pessoa que contasse com a ajuda da teologia, que hoje, como sabemos, de tão enrugada, tem que se manter longe de nossas vistas. (Iluminations, 253)*

Em seu livro mais recente, Mark Lawrence McPhail desenvolveu o tropo do xadrez ironicamente como uma analogia para as relações entre raças. Em três seções denominadas *The Opening, The Middlegame* e *The Endgame*, McPhail desafia a retórica da oposição no que ele chama de "uma epistemologia da essência subjacente à retórica das táticas de oposição ao negro" que funciona em cumplicidade com o discurso da dominação branca. Finalmente, cada um em seus respectivos campos, tanto Deleuze e Guattari quanto Thomas Pynchon, enfatizam os vieses das superimposições hierarquizadas em contingências mundiais com referência ao xadrez e Pynchon, estende sua analogia também à eletrodinâmica quântica. A seguir, estes pensadores exploram de forma transgressiva as implicações trópicas em outros jogos e outras regras, tais como o *Go*[NT4], que utilizam o xadrez como uma teoria metafórica constitutiva com o objetivo de visualizar e questionar esses mesmos pressupostos fundamentais sobre tempo, causalidade e certeza. Eles também utilizam o xadrez como um trampolim para buscar, por contraste, outros modelos trópicos para abrir um novo portal para novas e competitivas hipóteses a respeito do papel do tempo no processo físico e cultural.[6]

Conclusão

Seguindo o exemplo de seu título, *O RIZOMA do Xadrez* passará por uma evolução contínua por meio de agregações que perpassam inúmeras 'dimensões'. *O RIZOMA do Xadrez* envolverá, em nível básico, todos os principais materiais por meio dos quais iremos pesquisar (com outros materiais textuais, gráficos e visuais) possibilidades que permitam oferecer níveis de comentários em forma de artigos publicados e capítulos que, de alguma forma, ampliem a ênfase sobre o xadrez como metáfora, modelo e alegoria. Ele também oferecerá espaços escritos para reunir novos materiais e para anotações que darão destaque para o hipertexto tanto como um ambiente de pesquisa como uma experiência de pensamento na modelagem da investigação interdisciplinar.

O objetivo de *O RIZOMA do Xadrez* é empregar o hipertexto como um ambiente onde as divisórias dos espaços conceituais possam se tornar permeáveis e, quem sabe, até instáveis. O objetivo é dar possibilidades ao usuário para testemunhar como é que os agentes desta instabilidade, de ordem metafórico-constitutiva, passam de forma nômade através das

---

[NT4] Go = jogo de origem chinesa com mais de 4 mil anos, o *Go* (no Japão) ou *baduk* (na Coréia) é o jogo de estratégia mais popular da Ásia, podendo ser comparado ao xadrez no Ocidente. (conf. Revista da Folha, 26/05/2002, São Paulo)

[6] Cinco anos antes do aparecimento do *J'accuse* de Sokal e Bricmont em relação aos empréstimos de impostores intelectuais franceses, critiquei (usando precisamente a mesma abordagem) os tropos reversíveis e irreversíveis subjacentes à diferença de Deleuze e Guatarri entre o xadrez e o *Go* como referências estruturais epistemológicas de competição. Este ensaio ilustra como ultrapassei minha crítica anterior, apesar de notar que Sokal e Bricmont citam meu trabalho mais como um exemplo de seguidores que caíram na impostura de Deleuze e Guatarri, do que uma antecipação plenamente concebida de sua crítica 'vitoriosa'. Este tipo de citação ilustra a desonestidade intelectual de sua abordagem.

matrizes disciplinares, formando rizomas que atravessam as fronteiras disciplinares – e, neste processo, formam novos tipos de estruturas.

Ao mesclar as táticas epistemológicas de Gilles Deleuze com a teoria da metáfora de Richard Boyd, pude mapear três lógicas distintas que governam a exploração da tendência de deriva do tropo através das fronteiras disciplinares:

1. Genealógica
2. Epistemologicamente ingênua
3. Epistemologicamente subversiva

Atualmente, com meu colega Cary Hazlewood, do Brea College, estou fazendo experiências com diferentes interfaces de hipertexto, ao mesmo tempo em que estou tentando mapear, da mesma forma, uma série de outras lógicas trópicas. Cada lógica trópica pode ser pensada analogamente como se fosse uma linha de fuga conceitual projetada em um plano geométrico particular, sendo que a interseção destes planos é impossível de ser visualizada, a não ser através dos recursos da geometria não-Euclidiana. Mas, como argumentei, se mantivermos em mente a perspectiva (nomadológica) do usuário ao invés da perspectiva do olho-de-Deus (monadológico) do *designer*, as trajetórias potenciais destas diferentes lógicas trópicas continuam sendo passíveis de serem mapeadas, usando como recurso uma forma hipertextual de análise do espaço de fases. Ao considerar a investigação através das disciplinas desta forma mais rigorosa, talvez possamos impedir que o estudo interdisciplinar seja apenas uma fase da moda acadêmica.

Trabalhos Citados

Aarseth, Espen. *Cybertext*, Baltimore: John Hopkins University Press.

Benjamin, Walter. *Illuminations*, Ed. Hannah Arendt, New York, Schocken, 1969.

Bergson, Henri. *Creative Evolution*, 1907. Trans. Arthur Mitchell, New York, Holt, 1911.

Matter and Memory, 1908. Trans. Nancy Margareth Paul and W. Scott Palmer, New York, Zone, 1988.

No War Machine, in Reading Matters: Narratives in the New Media Ecology, Ed. Joseph Tabbi and Michael Wutz, Ithaca, Cornel University Press, 1997, 269-92.

Nicolis, Gregoire and Ilya Prigogine. *Exploring Complexity: An Introduction*, W. H. Freeman, New York, 1989.

Ortony, Andrew, ed. *Metaphor and Thoughts*, 1979; Cambridge University Press, New York, 1993.

Poincaré, Henri. *On the Foundations of Geometry*, Monist 9 (1898), 1-43.

Science and Hypothesis (1903). Trans. William John Greenstreet; Dover, New York, 1952.

Science and Method (1908). Trans Francis Mairland, 1914; Dover, New York, 1952.

Prigogine, Ilya. *From Being to Becoming: Time and Complexity in the Phisical Sciences*, Freeman, 1980.

Prigogine, Ilya and Isabelle Stengers. *Order Out of Chaos: Men's New Dialogue with Nature*, Pantam, New York, 1984.

Pyiyshyn, Zenon W. "Metaphorical Imprecition and the 'Top Down' Research Strategy", in Ortony, ed., *Metaphor and Thoughts*, 543-60.

Pynchon, Thomas. *Gravit's Rainbow*, 1973. Penguin, New York, 1987.

Rosenberg, Martin E. "Invisibility, the War Machine and Prigogine: Physics, Philosophy and the Threshold of Historical Consciousness in Pynchon's Zone". *Pynchon Notes* 30-31 (1992): 91-138.

"Portals in Duchamp and Pynchon". *Pynchon Notes* 34-35 (1994): 148-75

"Physics and Hipertext: Liberation and Complicity in Art and Pedagogy". In Landow, ed., *Hyper/Text/Theory*, 265-98.

"Dynamic Thermodynamic Trap of the Subject in Freud and in Deleuze and Guattari". *Post Modern Culture* vol. 4, Setembro de 1995, 43 paragraph.

Rosenberg, Martin E., e M. Jimmie Killingsworth. "The Icon as a Problem in Cognition and Social Construction: Complexity and Consensual Domains in Thechnical Rhetoric." *E.E.E. Transactions on Professional Communication* 38.4 (1995): 216-27.

"The Evolution of Document Design since 1985 A Response to Richard E. Mayer's Structural Analyses of Scientific Prose". *The Journal of Computer Documentation* 19:3 (1995): 31-35.

Sussure, Ferdinand de. *Course in General Linguistics.* Ed. Charles Bally and Albert Sechehaye. Trans. Wade Baskin, McGraw Hill, New York, 1996.

Turner, Mark. *Reading Minds: The Study of English in the Age of Cognitive Science.* Princeton: Princeton University Press, 1991.

Shannon, Claude. "A Chess Playing Machine". Em *The World of Matematics.* Ed. James R. Newman, 4 vols., New York: Simon and Schuster, 1956. 4:2124-33.

Varela, Francisco, Evan Thompson, e Eleanor Rosch. *The Embodied Mind: Cognitive Science and Human Experience.* Cambridge: MIT Press, 1991.

Wittgenstein, Ludwig. "The Regection of Logical Atomism". *The Wittgenstein Reader.* Ed. Anthony Kenny. Cambridghe: Blackwell, 1994. 33-50.

Anexo 1

DECLARAÇÃO DE VENEZA

Comunicado final do Colóquio
"A Ciência diante das Fronteiras do Conhecimento"
Veneza, 7 de março de 1986

Os participantes do colóquio "A Ciência diante das Fronteiras do Conhecimento", organizado pela UNESCO, com a colaboração da Fundação Giorgio Cini (Veneza, 3-7 de março de 1986), animados por um espírito de abertura e de questionamento dos valores de nosso tempo, ficaram de acordo sobre os seguintes pontos:

1. Somos testemunhas de uma revolução muito importante no campo da ciência, provocada pela ciência fundamental (em particular a física e a biologia), devido à transformação que ela traz à lógica, à epistemologia e, também, através das aplicações tecnológicas, à vida de todos os dias. Mas, constatamos, ao mesmo tempo, a existência de uma importante defasagem entre a nova visão do mundo que emerge do estudo dos sistemas naturais e os valores que ainda predominam na filosofia, nas ciências do homem e na vida da sociedade moderna. Pois estes valores baseiam-se em grande parte no determinismo mecanicista, no positivismo ou no niilismo. Sentimos esta defasagem como fortemente nociva e portadora de grandes ameaças de destruição de nossa espécie.

2. O conhecimento científico, devido a seu próprio movimento interno, chegou aos limites onde pode começar o diálogo com outras formas de conhecimento. Neste sentido, reconhecendo as diferenças fundamentais entre a ciência e a tradição, constatamos, não sua oposição, mas sua complementaridade. O encontro inesperado e enriquece-

dor entre a ciência e as diferentes tradições do mundo permite pensar no aparecimento de uma nova visão da humanidade, até mesmo num novo racionalismo, que poderia levar a uma nova perspectiva metafísica.

3. Recusando qualquer projeto globalizante, qualquer sistema fechado de pensamento, qualquer nova utopia, reconhecemos ao mesmo tempo a urgência de uma procura verdadeiramente transdisciplinar, de uma troca dinâmica entre as ciências 'exatas', as ciências 'humanas', a arte e a tradição. Pode-se dizer que este enfoque transdisciplinar está inscrito em nosso próprio cérebro, pela interação dinâmica entre seus dois hemisférios. O estudo conjunto da natureza e do imaginário, do universo e do homem, poderia assim nos aproximar mais do real e nos permitir enfrentar melhor os diferentes desafios de nossa época.

4. O ensino convencional da ciência, por uma apresentação linear dos conhecimentos, dissimula a ruptura entre a ciência contemporânea e as visões anteriores do mundo. Reconhecemos a urgência da busca de novos métodos de educação que levem em conta os avanços da ciência, que agora se harmonizam com as grandes tradições culturais, cuja preservação e estudo aprofundado parecem fundamentais. A UNESCO seria a organização apropriada para promover tais idéias.

5. Os desafios de nossa época: o desafio da autodestruição de nossa espécie, o desafio da informática, o desafio da genética etc., mostram de uma maneira nova a responsabilidade social dos cientistas no que diz respeito à iniciativa e à aplicação da pesquisa. Se os cientistas não podem decidir sobre a aplicação da pesquisa, se não podem decidir sobre a aplicação de suas próprias descobertas, eles não devem assistir passivamente à aplicação cega dessas descobertas. Em nossa opinião, a amplidão dos desafios contemporâneos exige, por um lado, a informação rigorosa e permanente da opinião pública e, por outro lado, a

criação de organismos de orientação e até de decisão de natureza pluri e transdisciplinar.

6. Expressamos a esperança que a UNESCO dê prosseguimento a esta iniciativa, estimulando uma reflexão dirigida para a universalidade e a transdisciplinaridade. Agradecemos a UNESCO, que tomou a iniciativa de organizar este encontro, de acordo com sua vocação de universalidade. Agradecemos também a Fundação Giorgio Cini por ter oferecido este local privilegiado para a realização deste fórum.

Signatários

Professor D. A. Akyeampong (Gana), físico-matemático, Universidade de Gana. Professor Ubiratan D'Ambrosio (Brasil), matemático, coordenador geral dos Institutos, Universidade Estadual de Campinas. Professor René Berger (Suiça), professor honorário, Universidade de Lausanne. Professor Nicolo Dallaporta (Itália), professor honorário da Escola Internacional dos Altos Estudos em Trieste. Professor Jean Dausset (França), Prêmio Nobel de Fisiologia e de Medicina (1980), Presidente do Movimento Universal da Responsabilidade Científica (MURS França). Senhora Maîtraye Devi (Índia), poeta-escritora. Professor Gilbert Durand (França), filósofo, fundador do Centro de Pesquisa sobre o Imaginário. Dr. Santiago Genovés (México), pesquisador no Instituto de Pesquisa Antropológica, acadêmico titutlar da Academia Nacional de Medicina. Dr. Susantha Goonatilake (Sri Lanka), pesquisador, antropologia cultural. Prof. Avishai Margalit (Israel), filósofo, Universidade Hebraica de Jerusalém. Prof. Yujiro Nakamura (Japão), filósofo-escritor, professor na Universidade de Meiji. Dr. Basarab Nicolescu (França), físico, C.N.R.S.. Prof. David Ottoson (Suécia), Presidente do Comitê Nobel pela fisiologia ou medicina, Professor e Diretor, Departamento de Fisiologia, Instituto Karolinska. Sr. Michel Random (França), filósofo, escritor. Sr. Jacques G. Richardson (França-Estados Unidos), escritor científico. Prof. Abdus Salam (Paquistão), Prêmio Nobel de Física (1979), Diretor do Centro Internacional de Física Teórica, Trieste, Itália, representado pelo Dr. L. K. Shayo (Nigéria), professor de matemáticas. Dr. Rupert Sheldrake (Reino Unido), Ph.D. em bioquímica, Universidade de Cambridge. Prof. Henry Stapp (Estados Unidos da América), físico, Laboratório Lawrence Berkeley, Universidade da Califórnia Berkeley. Dr. David Suzuki (Canadá), geneticista, Universidade de British Columbia.

Anexo 2

Ciência e Tradição: Perspectivas Transdisciplinares para o Século XXI

Paris, UNESCO, 2-6 de dezembro de 1991

Comunicado final

Os participantes do Congresso "Ciência e Tradição: Perspectivas Transdisciplinares para o Século XXI" (Paris, UNESCO, 2-6 de dezembro de 1991), etapa preparatória para futuros trabalhos transdisciplinares, estiveram de acordo a respeito dos seguintes pontos:

1. Em nossos dias, estamos assistindo a um enfraquecimento da cultura. Isso afeta de diversas maneiras tanto os países ricos como os países pobres.

2. Uma das causas disso é a crença na existência de um único caminho de acesso à verdade e à Realidade. Em nosso século, essa crença gerou a onipotente tecnociência: "tudo o que puder ser feito será feito". Com isso, o germe de um totalitarismo planetário se tornou presente.

3. Uma das revoluções conceituais deste século veio, paradoxalmente, da ciência, mais particularmente da física quântica, que fez com que a antiga visão da realidade, com seus conceitos clássicos de continuidade, de localidade e de determinismo, que ainda predominam no pensamento político e econômico, fosse explodida. Ela deu à luz uma nova lógica, correspondente, em muitos aspectos, a antigas lógicas esquecidas. Um diálogo capital, cada vez mais rigoroso e profundo, entre a ciência e a tradição, pode então ser estabelecido a fim de construir uma nova abordagem científica e cultural: a transdisciplinaridade.

4. A transdisciplinaridade não procura construir sincretismo algum entre a ciência e a tradição: a metodologia da ciência moderna é radicalmente diferente das práticas da tradição. A transdisciplinaridade procura pontos de vista a partir dos quais seja possível torná-las interativas, procura espaços de pensamento que as façam sair de sua unidade, respeitando as diferenças, apoiando-se especialmente numa nova concepção da natureza.

5. Uma especialização sempre crescente levou a uma separação entre a ciência e a cultura, separação que é a própria característica do que podemos chamar de "modernidade" e que só fez concretizar a separação sujeito-objeto que se encontra na origem da ciência moderna. Reconhecendo o valor da especialização, a transdisciplinaridade procura ultrapassá-la recompondo a unidade da cultura e encontrando o sentido inerente à vida.

6. Por definição, não pode haver especialistas transdisciplinares, mas apenas pesquisadores animados por uma atitude transdisciplinar. Os pesquisadores transdisciplinares imbuídos desse espírito só podem se apoiar nas diversas atividades da arte, da poesia, da filosofia, do pensamento simbólico, da ciência e da tradição, elas próprias inseridas em sua própria multiplicidade e diversidade. Eles podem desaguar em novas liberdades do espírito graças a estudos transhistóricos ou transreligiosos, graças a novos conceitos como transnacionalidade ou novas práticas transpolíticas, inaugurando uma educação e uma ecologia transdisciplinares.

7. O desafio da transdisciplinaridade é gerar uma civilização em escala planetária que, por força do diálogo intercultural, se abra para a singularidade de cada um e para a inteireza do ser.

Comitê de redação: René Berger, Michel Cazenave, Roberto Juarroz, Lima de Freitas e Basarab Nicolescu.

Anexo 3

Carta da Transdisciplinaridade

(Elaborada no Primeiro Congresso Mundial da Transdisciplinaridade, Convento de Arrábida, Portugal, 2-6 de novembro de 1994)

Preâmbulo

Considerando que a proliferação atual das disciplinas acadêmicas conduz a um crescimento exponencial do saber que torna impossível qualquer olhar global do ser humano;

Considerando que somente uma inteligência que se dá conta da dimensão planetária dos conflitos atuais poderá fazer frente à complexidade de nosso mundo e ao desafio contemporâneo de autodestruição material e espiritual de nossa espécie;

Considerando que a vida está fortemente ameaçada por uma tecnociência triunfante que obedece apenas à lógica assustadora da eficácia pela eficácia;

Considerando que a ruptura contemporânea entre um saber cada vez mais acumulativo e um ser interior cada vez mais empobrecido leva à ascensão de um novo obscurantismo, cujas consequências sobre o plano individual e social são incalculáveis;

Considerando que o crescimento do saber, sem precedentes na história, aumenta a desigualdade entre seus detentores e os que são desprovidos dele, engendrando assim desigualdades crescentes no seio dos povos e entre as nações do planeta;

Considerando simultaneamente que todos os desafios

enunciados possuem sua contrapartida de esperança e que o crescimento extraordinário do saber pode conduzir a uma mutação comparável à evolução dos hominídeos à espécie humana;

Considerando o que precede, os participantes do Primeiro Congresso Mundial de Transdisciplinaridade (Convento de Arrábida, Portugal 2-7 de novembro de 1994) adotaram o presente Protocolo, entendido como um conjunto de princípios fundamentais da comunidade de espíritos transdisciplinares, constituindo um contrato moral que todo signatário deste Protocolo faz consigo mesmo, sem qualquer pressão jurídica e institucional.

Artigo 1:

Qualquer tentativa de reduzir o ser humano a uma mera definição e de dissolvê-lo nas estrutura formais, sejam elas quais forem, é incompatível com a visão transdisciplinar.

Artigo 2:

O reconhecimento da existência de diferentes níveis de realidade, regidos por lógicas diferentes, é inerente à atitude transdisciplinar. Qualquer tentativa de reduzir a realidade a um único nível regido por uma única lógica não se situa no campo da transdisciplinaridade.

Artigo 3:

A transdisciplinaridade é complementar à aproximação disciplinar: faz emergir da confrontação das disciplinas dados novos que as articulam entre si; oferece-nos uma nova visão da natureza e da realidade. A transdisciplinaridade não procura o domínio sobre as várias outras disciplinas, mas a abertura de todas elas àquilo que as atravessa e as ultrapassa.

Artigo 4:

O ponto de sustentação da transdisciplinaridade reside na

unificação semântica e operativa das acepções através e além das disciplinas. Ela pressupõe uma racionalidade aberta, mediante um novo olhar sobre a relatividade das noções de 'definição' e de 'objetividade'. O formalismo excessivo, a rigidez das definições e o absolutismo da objetividade, comportando a exclusão do sujeito, levam ao empobrecimento.

Artigo 5:

A visão transdisciplinar é resolutamente aberta, na medida em que ela ultrapassa o campo das ciências exatas devido ao seu diálogo e sua reconciliação, não somente com as ciências humanas, mas também com a arte, a literatura, a poesia e a experiência espiritual.

Artigo 6:

Com a relação à interdisciplinaridade e à multidisciplinaridade, a transdisciplinaridade é multirreferencial e multidimensional. Embora levando em conta os conceitos de tempo e de história, a transdisciplinaridade não exclui a existência de um horizonte transhistórico.

Artigo 7:

A transdisciplinaridade não constitui nem uma nova religião, nem uma nova filosofia, nem uma nova metafísica, nem uma ciência das ciências.

Artigo 8:

A dignidade do ser humano é também de ordem cósmica e planetária. O surgimento do ser humano sobre a Terra é uma das etapas da história do Universo. O reconhecimento da Terra como pátria é um dos imperativos da transdisciplinaridade. Todo ser humano tem direito a uma nacionalidade, mas, a título de habitante da Terra, ele é ao mesmo tempo um ser transnacional. O reconhecimento pelo direito internacional de uma dupla cidadania – referente a uma nação e à Terra – constitui um dos objetivos da pesquisa transdisciplinar.

Artigo 9:

A transdisciplinaridade conduz a uma atitude aberta em relação aos mitos, às religiões e àqueles que os respeitam num espírito transdisciplinar.

Artigo 10:

Não existe um lugar cultural privilegiado de onde se possa julgar as outras culturas. A abordagem transdisciplinar é ela própria transcultural.

Artigo 11:

Uma educação autêntica não pode privilegiar a abstração no conhecimento. Deve ensinar a contextualizar, concretizar e globalizar. A educação transdisciplinar reavalia o papel da intuição, da imaginação, da sensibilidade e do corpo na transmissão dos conhecimentos.

Artigo 12:

A elaboração de uma economia transdisciplinar está baseada no postulado de que a economia deve estar a serviço do ser humano e não o inverso.

Artigo 13:

A ética transdisciplinar recusa toda atitude que se negue ao diálogo e à discussão, seja qual for sua origem – de ordem ideológica, científica, religiosa, econômica, política ou filosófica. O saber compartilhado deveria conduzir a uma compreensão compartilhada, baseada no respeito absoluto das diferenças entre os seres, unidos pela vida comum sobre uma única e mesma Terra.

Artigo 14:

Rigor, abertura e tolerância são características fundamentais da atitude e da visão transdisciplinar. O rigor na argumentação, que leva em conta todos os dados, é a melhor barreira contra possíveis desvios. A abertura comporta a aceitação do desconhecido, do inesperado e do imprevisível. A tolerância é o reconhecimento do direito às idéias e verdades contrárias às nossas.

Artigo final:

A presente Carta Transdisciplinar foi adotada pelos participantes do Primeiro Congresso Mundial de Transdisciplinaridade, que não reivindicam nenhuma outra autoridade exceto a do seu próprio trabalho e da sua própria atividade.

Segundo os procedimentos que serão definidos de acordo com as mentes transdisciplinares de todos os países, esta Carta está aberta à assinatura de qualquer ser humano interessado em promover nacional, internacional e transnacionalmente as medidas progressivas para a aplicação destes artigos na vida cotidiana.

Convento de Arrábida, 6 de novembro de 1994

Comitê de Redação: Lima de Freitas, Edgar Morin e Basarab Nicolescu.

Anexo 4

Uma visão mais ampla de Transdisciplinaridade

Ponderando sobre a Conferência Transdisciplinar Internacional realizada em Zurique de 27 de fevereiro a 01 de março, os signatários decidiram chamar a atenção de todos os participantes da Conferência e de outras audiências para a nossa convicção da necessidade de colocar o ser humano, em seus diferentes níveis de realidade, no centro dos propósitos da Transdisciplinaridade na ciência e na sociedade.

Além disso, nós signatários enfatizamos que:

a) os princípios fundamentais da transdisciplinaridade abarcam tanto o desenvolvimento interior quanto exterior do indivíduo, a saber:

– competência no campo da real vocação do indivíduo,

– ética: compromisso, responsabilidade e respeito,

– espiritualidade no sentido amplo: como conceituada na Carta da Transdisciplinaridade adotada no Primeiro Congresso Mundial de Transdisciplinaridade em Arrábida, Portugal, 02 a 07 de novembro de 1994; e

b) as declarações fundamentais sobre educação transdisciplinar são:

– abrir a educação em direção a uma educação integral do ser humano que transmita a busca pelo sentido;

– fazer com que a Universidade evolua em direção ao estudo do Universal no contexto de uma aceleração sem precedentes do conhecimento fragmentado;

– revalorizar o papel da intuição, do imaginário, da sensibilidade e do corpo como profundamente enraizados na transmissão do conhecimento, conforme estabelecido na conclusão do 2º Congresso Internacional "Que Universidade para o Amanhã? Em direção à Evolução Transdisciplinar da Universidade" em Locarno, 1997.

A seguinte Declaração: UMA VISÃO MAIS AMPLA DE TRANSDISCIPLINARIDADE, foi elaborada para ampliar as conclusões da Conferência:

1. Acreditamos que a visão transdisciplinar oferece um conceito ativo e aberto da natureza e do ser humano que, embora não exaustivo, pode ser usado para a realização do propósito da sobrevivência humana e da justiça de maneira mais eficaz do que qualquer definição ou qualquer redução a uma estrutura formal. Esta visão transcende os campos individuais das ciências exatas, humanas e sociais e as encoraja a se reconciliarem entre si e com a arte, a literatura, a poesia e a experiência espiritual e validarem suas respectivas percepções.

2. A epistemologia, a atitude e a prática Transdisciplinar implicam no reconhecimento da utilidade metodológica dos conceitos dos três pilares da transdisciplinaridade – a complexidade, a lógica do terceiro incluído e os níveis de realidade – os quais emergem dos dados da ciência moderna (física quântica), do diálogo com outras culturas e do corpus cognitivo de todas as grandes tradições de conhecimento do presente e do passado. Portanto, a epistemologia, a atitude e a prática transdisciplinar demandam um espírito de rigor e de abertura e tolerância para todos os outros pontos de vista e um compromisso pela resolução transdisciplinar das dificuldades. Para resolver problemas com eficiência, é necessário adotar a compreensão transdisciplinar da complexidade e de sua descrição, como na teoria sistêmica e na cibernética de 2ª ordem.

3. É esta metodologia e epistemologia: a complexidade, a lógica do terceiro incluído e os níveis de realidade, explorada por diferentes métodos, que é necessária para a compreensão do mundo e do ser humano. Tal metodologia é essencial para contribuir para assegurar mudanças reais na sociedade, incluindo novas formas sociais, econômicas e organizacionais e tornar possíveis avanços críticos na resolução de problemas.

4. A Transdisciplinaridade, no sentido descrito acima, pode permitir a elaboração [de uma Declaração] dos Valores Humanos, baseando a deontologia Transdisciplinar nos direitos inalienáveis e nos valores interiores do ser humano. Para fazer uma sociedade decidida a objetivar a sustentabilidade e baseada em soluções implicadas por tal metodologia transdisciplinar, aqueles que decidem devem assumir novas responsabilidades, comprometendo-se com esta deontologia transdisciplinar.

5. A Conferência pediu por uma abordagem transdisciplinar de resolução das verdades contraditórias da tríade Democracia – Ciência – Economia de Mercado, no nível da realidade social. Contudo, num nível mais elevado de realidade intelectual, a tríada Metafísica – Epistemologia – Poesia são co-participantes na dinâmica de desenvolvimento do novo conhecimento do espaço, tempo, causalidade, verdade e contradição, e proporciona novas e necessárias percepções a respeito da relação entre o real e o imaginário. Uma completa abordagem transdisciplinar para a resolução de problemas demanda a integração das percepções desses dois níveis.

6. A criação e a experiência artística são uma instância da integração transdisciplinar. Estão relacionadas a um amplo espectro de capacidades da mente humana, engajando funções sensoriais, cognitivas, emocionais e lógicas, embora corporificando expressivamente e representando socialmente uma rica variedade de construtos mentais em uma

gestalt concreta. Os padrões artísticos de interpretação e seus modos de interatividade comunicativa numa fábrica de valores sociais proporciona uma riqueza de conhecimento tácito como fonte de enriquecimento criativo e de inovação na ciência, permitindo a transgressão para novas formas de ciência e arte.

7. O relatório da UNESCO "Commission internationale sur l'éducation pour le vingt et unième siècle" enfatiza firmemente quatro pilares para um novo tipo de educação: aprendendo a conhecer, aprendendo a fazer, aprendendo a viver em conjunto e aprendendo a ser. Sugerimos acrescentar: aprender a antecipar – uma vez que não podemos mais nos permitir aprender pela destruição – e aprender a participar através de envolvimento – uma vez que soluções para os problemas não podem ser encontradas em "torres de marfim do aprender" sem envolver a massa crítica da sociedade.

8. A sustentabilidade de cada ser humano e o desenvolvimento de suas sociedades é uma questão central para os signatários desta Declaração. Na nossa opinião, os princípios, a lógica e a metodologia da Transdisciplinaridade fornecem a estrutura para a compreensão das bases ontológicas e éticas da Sustentabilidade:

   – na compreensão deles [desses princípios, dessa lógica e dessa metodologia] como parte da dinâmica da natureza;

   – na visão da interdependência complexa dos indivíduos, instituições e comunidades, implicando no seu comprometimento crescente pelo benefício sustentável tanto para o indivíduo quanto para a sociedade;

   – num modelo para uma forma humana de globalização, indo da sociedade de conhecimento visando o lucro para uma sociedade que revele e use o conhecimento num contexto de respeito mutuo, confiança e responsabilidade pela ação.

Nós, os signatários, conclamamos todas as pessoas de boa vontade a considerar esta Declaração no contexto de seu próprio conceito de Transdisciplinaridade e a se engajar em um diálogo continuado entre ambos.

Joseph E. Brenner, Ph.D., Les Diablerets, Suiça; Paulius Kulikauskas, Byfornyelse Danmark, Dinamarca e Lituânia; Maria F. de Mello, Coordenadora do CETRANS (Centro de Educação Transdisciplinar) – Escola do Futuro, Universidade de São Paulo, Brasil; K.V. Raju, de Anand, Índia; Américo Sommerman, editor, coordenador do CETRANS – Escola do Futuro – Universidade de São Paulo, Brasil; Dr. Nils-Göran Sundin, docente, Collegium Europaeum, Estocolmo, Suécia.

Anexo 5

A Evolução Transdisciplinar na Educação: Contribuindo para o Desenvolvimento Sustentável da Sociedade e do Ser Humano

Resumo do Projeto 1998 - 2002

1. Objetivo

Durante os seus quatro anos de duração, o Projeto se propõe a:

1. Criar um Centro de Educação Transdisciplinar, CETRANS, que vise a contribuir para o desenvolvimento sustentável da Sociedade e do Ser Humano.

2. Promover três encontros catalisadores, de três dias cada um, sendo um por ano, com espaço para 64 membros (3 coordenadores executivos, 7 conselheiros, 12 pesquisadores-formadores estrangeiros e 40 pesquisadores-formadores brasileiros e latino-americanos) de grande densidade, seja ela acadêmica, artística, empresarial, espiritual, de comunicação e outras.

3. Acompanhar a elaboração e a implementação dos 40 Projetos-Piloto que serão elaborados pelos 40 pesquisadores-formadores e implementados em suas respectivas áreas de atuação.

4. Dar continuidade à discussão dos temas abordados nos encontros catalisadores em reuniões presenciais mensais, em lista de discussão na Internet para os 64 participantes do Projeto e veiculando o resultado desse trabalho no *site* CETRANS.

5. Produzir três Painéis na TV sobre: A Cultura Transdisciplinar na Educação e sua Vivência Prática

6. Elaborar e publicar um Documento Tópico sobre A Evolução Transdisciplinar na Educação: Contribuindo para o Desenvolvimento Sustentável da Sociedade e do Ser Humano.

Os três encontros catalisadores enfocarão três grupos de temas. O primeiro será sobre:

1) A Ética Universal e a Noção de Valor
2) O Belo
3) O Sentido do Sentido
4) A Transdisciplinaridade e sua Vivência Prática
5) A Cognição e a Transdisciplinaridade

O segundo será sobre:

1) Fundamentos Metodológicos para o Estudo Transcultural e Transreligioso
2) As Culturas não são Disciplinas: o Transcultural existe?
3) A Imaginação como Objeto de Conhecimento
4) A Autoformação, uma perspectiva tripolar
5) A Teoria do Hipertexto
6) Humanismo Contínuo: Revelação, Revolução e Realidade

O terceiro será sobre:

1) A Transpolítica
2) A Transnação
3) O Respeito e o Deleite pelas Diferenças
4) A Educação e a Comunidade
5) A Educação e a Consciência Global

Através desses temas e da contribuição competente de cada participante do Projeto, serão apresentados, para posterior investigação, desenvolvimento e implementação:

Os sete eixos básicos da Evolução Transdisciplinar na

Educação, ou seja,

1) A Educação Intercultural e Transcultural
2) O Diálogo entre Arte-Ciência
3) A Educação Inter-religiosa e Transreligiosa
4) A Integração da Revolução Informática na Educação
5) A Educação Transpolítica
6) A Educação Transdisciplinar
7) A Relação Transdisciplinar: os Educadores, os Alunos e as Instituições

O novo sistema de referência:

1) Os Diferentes Níveis de Realidade
2) A Lógica do Terceiro Incluído
3) A Complexidade

Os pilares da Educação no séc. XXI propostos no Relatório Delors/UNESCO:

1) Aprender a Conhecer
2) Aprender a Fazer
3) Aprender a Viver em Conjunto
4) Aprender a Ser

2. Justificativa

A atual civilização está enraizada em diversas rupturas epistemológicas. Uma ruptura fundamental ocorreu entre o fim da Idade Média e o começo do Renascimento, quando houve uma profunda separação entre o sujeito e o objeto, entre a cultura humanística e as ciências experimentais e quando se passou de uma visão tradicional ternária do homem, tido como sendo composto de corpo, alma e espírito, para uma visão binária corpo e espírito (que se implantou claramente com Descartes), na qual o elemento mediador, a alma, foi suprimido. Essa ruptura acabou desembocando em uma outra, que se consumou no sec. XIX, cuja teoria do conhecimento se apoiava em uma visão mecanicista, separativista e cientificista, que reduziu o real a um único nível e o homem a apenas sua dimensão física, enquanto sujeito ou objeto.

Embora a ciência contemporânea tenha mostrado que essa concepção mecanicista do universo tenha deixado de ser defensável, mesmo sob o ponto de vista estritamente científico, a Educação contemporânea privilegia, em geral, a concepção da antropologia individualista e mecanicista. A finalidade da Cultura Transdisciplinar é integrar esses diferentes níveis, mais flagrantemente dicotômicos no mundo dominante, uma vez que a crise da modernidade se origina dessas rupturas e é nutrida por elas. É imperativo buscar as leis fundamentais da Vida e a valorização de uma consciência social, ecológica, planetária e espiritual própria da antropologia globalizante, a que Michel Camus (Congresso de Locarno – CIRET – UNESCO, 1997) chamou de "... rescentralização do ser humano em sua própria riqueza interior e sua reorientação em direção a uma simplicidade de ser cada vez mais viva, consciente e integrada". O Projeto vivifica a dimensão da Esperança, enraiza-se na demanda concreta da Educação, no espírito de Responsabilidade perante nosso Planeta e na aspiração genuína pela evolução contínua da sociedade e da dimensão global do ser Humano.

3. Breve Histórico

Na visão aristotélica, o saber inscrevia-se em três áreas: nas ciências práticas, nas ciências poéticas e nas ciências teóricas (Matemática, Física e Teologia). Na Idade Média, as disciplinas foram separadas em duas vias: o *quadrivium*, constituído pela matemática (a Aritmética, a Música, a Geometria e a Astronomia); e o *trivium*, constituído pelas disciplinas lógicas e linguísticas (a Gramática, a Dialética e a Retórica). No início do sec. XVII, surge o método cartesiano de investigação, predominante até nosso dias, o qual preconiza a busca da verdade através da ciência, dando origem à primeira proliferação de disciplinas, uma vez que se baseia na decomposição do todo, na sujeição à repetição e à dedução de leis pragmáticas para cada uma de suas partes.

A Disciplinaridade permitiu o exercício da Pluridisciplinaridade, também chamada Multidisciplinaridade, que diz respeito ao estudo de um objeto de uma única disciplina por diversas disciplinas ao mesmo tempo e da Interdisciplinaridade, que diz respeito à transferência de métodos e conceitos de uma disciplina à outra. Tanto a Multidisciplinaridade como a Interdisciplinaridade, mesmo quando exercidas com extrema competência e sucesso – o que é necessário, louvável e de grande importância à Sociedade e ao Ser Humano, porém jamais suficiente –, inscrevem-se em um nível de linearidade disciplinar e dizem respeito a um único nível de realidade. Citando Basarab Nicolescu, físico quântico da Universidade de Paris e presidente do CIRET: "Entendo por realidade aquilo que resiste a nossas experiências, representações, descrições, imagens. (...) É preciso entender, por nível de Realidade, um grupo de sistemas que permanece invariável sob a ação de certas leis."

A Transdisciplinaridade engloba e transcende o que passa por todas as disciplinas, reconhecendo o desconhecido e o inesgotável que estão presentes em todas elas, buscando encontrar seus pontos de interseção e um vetor comum. A palavra Transdisciplinaridade foi usada pela primeira vez em 1970, por Piaget, quando, em um colóquio sobre Interdisciplinaridade, disse: "... esta etapa deverá posteriormente ser sucedida por uma etapa superior transdisciplinar". Em seguida, em 1972 e em 1977, Piaget volta a utilizar o termo. Tanto a Pluridisciplinaridade como a Interdisciplinaridade não mudam a relação homem/saber, uma vez que sujeito e objeto continuam dicotomizados, por estarem reduzidos a um único nível de realidade e estruturados pela noção de integração, enquanto a Transdisciplinaridade reconhece vários níveis de realidade e remete ao sentido de interação.

Os locais onde o processo educacional se realiza são espaços privilegiados para o exercício Transdisciplinar, que respeita, endossa, louva e pede a prática competente da Disciplinaridade, da Pluridisciplinaridade e da Interdisciplinaridade, bem como define sua amplitude e limitação. Fala-se claramente da necessidade da Evolução Transdisciplinar na Educação; no entanto, seu exercício efetivo e o "Como?", só poderão ser encontrados com o trabalho conjunto de indivíduos devotados ao inesgotável questionamento a respeito do homem e de sua existência, na Sociedade e neste imenso, inescrutável Universo. Se a Multidisciplinaridade enriquece a exploração do objeto e a Interdisciplinaridade, além de enriquecer a exploração do objeto, desvenda e encontra soluções, propicia o surgimento de novas aplicabilidades, disciplinas ou epistemologias, o exercício da Transdisciplinaridade estará contribuindo para que seja restituído ao Sujeito a sua integridade, facilitando a interação e colaborando com a missão da Educação de recriar sua vocação de universalidade.

A Transdisciplinaridade, em uma rápida explanação, é um modo de conhecimento, é uma compreensão de processos, é uma ampliação da visão do mundo e uma aventura do espírito. Transdisciplinaridade é uma nova atitude, uma maneira de ser diante do saber. Etimologicamente, o sufixo trans significa aquilo que está ao mesmo tempo entre as disciplinas, através das diferentes disciplinas e além de toda disciplina, remetendo à idéia de transcendência. Transdisciplinaridade é a assimilação de uma cultura, é uma Arte no sentido da capacidade de articular. Por isso após revisitar, com grande respeito, rigor e inclusão, o conhecimento, a noção de valor, o contexto, a estrutura, a pesquisa, a competência, a oferta, o método e o ser humano, traz sua própria contribuição integradora e globalizante.

A implementação do Projeto permitirá gerar conhecimento e o colocar em ação.

Obs.: Este resumo está sujeito a ajustes progressivos mínimos. Existe uma versão que inclui maior quantidade de dados.

Prof. Dr. Fredric M. Litto
Coordenador de Pesquisa Científica
Escola do Futuro

Maria F. de Mello
Vitoria Mendonça de Barros
Américo Sommerman
Coordenação Executiva
CETRANS

Anexo 6

A Evolução Transdisciplinar na Educação: Contribuindo para o Desenvolvimento Sustentável da Sociedade e do Ser Humano

Lista dos integrantes do projeto em 2000:

Conselheiros	**Coordenadores**	**Experts estrangeiros**	**Assistentes**
Boris Tabacof	Américo Sommerman	Agustí Nicolau Coll	Katia Cruz
Crodowaldo Pavan	Maria F. de Mello	Basarab Nicolescu	Tereza Abucham
Fredric Michael Litto	Vitória Mendonça de Barros	Gaston Pineau	Valéria Menezes
Gabriel Rodrigues		Humberto Maturana	
Luiz Nassif		Martin Rosenberg	
Luiz Prigenzi		Michel Random	
Ubiratan D'Ambrosio		Pascal Galvani	
Victor F. B. de Mello		Patrick Paul	
		Paul Taylor	
		Steven Wasserstrom	

Formadores/Nome	Área de Atuação	Local de Atuação
Almir Paraca Cardoso	Política	Prefeitura de Paracatú
Amâncio Friaça	Astrofísica	USP
Amauri de Almeida Machado	Matemática	Universidade de Pelotas
Arnaldo Esté	Filosofia	Venezuela/Fac. Medicina
Brasilina Passarelli	Comunicação	USP
Celso Schenkel	Meio Ambiente	UNESCO/Brasília
Cristiano Rodrigues de Mattos	Física	UNESP
Dora Freiman Blatyta	Linguística	UNICAMP
Dora Schnitmann	Psicologia	Argentina/Univ. de Buenos Aires
Ecleide Furlanetto	Educação	UNICID/Col. Lourenço Castanho
Edith Rubinstein	Psicopedagogia	Consultora e Terapeuta
Elizabeth Mesquita André	História	Colégio Mackenzie
Esdras Guerreiro Vasconcelos	Psicologia Social	USP
Fábio Simonini	Língua e Lit. Portuguesa	Colégio Pueri Domus
Fernando Rebouças Stucchi	Engenharia	USP/Empresa
Ignácio Gerber	Psicanálise	Terapeuta
Ivani Fazenda	Educação	PUC-SP
Isabel Cristina Santana	Filosofia	C.E.F.C
Jean Bartoli	Recursos Humanos	Empresa
João Nelci Brandalise	Pró-Reitoria de Graduação	Universidade de Pelotas
Kátia Canton Monteiro	Crítica de Arte - USP	Museu de Arte Contemporânea
Laerthe Abreu Jr.	Educação	Universidade São Francisco

Luiz Eduardo V. Berni	Psicologia	Terapeuta/Consultor
Luiza Alonso	Educação	Faculdade de Uberaba
Mabel Mascarenhas Wiegand	Fisiologia	Universidade de Pelotas
Mara Eliana Tossin	Meio Ambiente	Prefeitura de São Paulo
Maria Esperanza Martinez	Saúde Pública	Venezuela/Fac. Medicina
Mariana Lacombe	Filosofia	UNIFIEO (Universidade Osasco)
Marta Rodriquez	Gastroenterologia	Venezuela/Fac. Medicina
Miquel Requena	Fisiologia	Venezuela/Reitor Fac. Medicina
Márcio Lupion	Arquitetura	Universidade Mackenzie
Nelson Fiedler Ferrara	Física	USP
Norma Nunez	Epidemiologia	Venezuela/Fac. Medicina
Oldair Soares Ammom	Artes Cênicas/Teatro	São Paulo
Ondalva Serrano	Meio Ambiente	São Paulo
Renata C. Lima Ramos	Desenvolvimento Humano	Centro de Estudos Triom
Renata M. G. R. Jacuk	Comunicação	USP
Silvana Cappanari	Psicologia	Consultório
Rodolfo Ernesto Gonzales	Saúde Pública	Venezuela/Fac. Medicina
Sílvia Fichman	Educação e Tecnologia	USP
Yara Boaventura da Silva	Enfermagem-Oncologia	Fundação Antônio Prudente
Yadira Córdova	Odontologia	Venezuela/Fac. Medicina

Bibliografia Geral

ABELLIO, R. *La Structure absolue*. Paris: Gallimard, 1965.

ALIGHIERI, D. *Convívio*. Lisboa: Guimarães Editores,1992.

ALVES, R. *Entre a Ciência e a Sapiência O Dilema da Educação*. São Paulo: Loyola, 1999.

______*O Que é Religião?* São Paulo: Martins Fontes, 1995.

ATLAN, H. *Com Razão ou Sem Ela*. Lisboa: Instituto Piaget, [s.d.].

______*Tudo, Não, Talvez*. Lisboa: Istituto Piaget, [s.d.].

______*Entre o Cristal e a Fumaça*. Rio de Janeiro: Zahar, 1992

ASSAGIOLI, R. *Ato da Vontade*. São Paulo: Cultrix,1993.

BACHELARD, G. *O Novo Espírito Científico*. Lisboa: Ed. 70, 1996.

BADESCU, O.; NICOLESCU, B. (Orgs.) *Stéphane Lupasco: o Homem e a Obra*. São Paulo: Triom, 2001.

BARROS, V. M. et al. (Orgs.) *Educação e Transdisciplinaridade I*. Brasília: Unesco, 2000.

BIÈS, J. *O Caminho do Sábio*. São Paulo: Triom, 2001.

BLANCO, M. *The Inconscious as Infinite Sets*. Londres: Duckworth, 1975.

BOHM, D. *A Totalidade e a Ordem Implicada*. São Paulo: Cultrix, 1998.

BOHR, N. *Física Atômica e Conhecimento Humano*. Rio de Janeiro: Contraponto, 1998.

BOURGUIGNON, A. *L'Homme imprévu: histoire naturelle de l'homme*. Paris: PUF, 1989. V.1

BROCKMAN, J. *The Third Culture*. New York: Simon & Schuster, 1995.

BURNETT, R. *Cultures of Vision: Images, Media, and the Imaginary*. Indiana: Indiana University Press, 1995.

CAZENAVE, M. *La Science et les figure de l'âme*. Monaco: Rocher, 1995.

CERUTI, M. *A Dança que Cria*. Lisboa: Instituto Piaget [s/d].

CHOURAQUI, A. *L'Amour fort comme la mort: une autobiografie*. Paris: Robert Laffont, 1990.

CORBIN, H. *Le Paradoxe du monothéisme*. Paris: l'Herne, 1981.

______*Temple et contemplation*. Paris: Flammarion, 1981

______*Face de Dieu: face de l'homme*. Paris: Flammarion, 1983.

______*L'Homme et son ange*. Paris: Fayard, 1983.

______*Avicena y el relato visionario*. Barcelona: Paidós, 1995.

DA COSTA, N. C. A. *Ensaio Sobre os Fundamentos da Lógica*. São Paulo: Hucitec, 1994.

D'AMBROSIO, U. *Transdisciplinaridade*. São Paulo: Palas Athena, 1997.

DAENTWYLER, J.-J. *Sciences et arts: une contribution à destructures des sources des arts et des sciences*. Paris: La Baconnière, 1972.

DOMINGUES, I. (Org.) *Conhecimento e Transdisciplinaridade*. Belo Horizonte: UFMG, 2001.

DURAND, G. *L'Imagination symbolique*. Paris: PUF/Quadrige, 1993.

______*Science de l'homme et tradition: le nouvel esprit anthropologique*. Paris: Albin Michel, 1996.

______*As Estruturas Antropológicas do Imaginário*. São Paulo: Martins Fontes, 1997.

______*O Imaginário*. Rio de Janeiro: Difel, 1999.

ELIADE, M. *O Sagrado e o Profano*. São Paulo: Martins Fontes, 1993.

______*Imagens e Símbolos*. São Paulo, Martins Fontes, 1996.

______*Tratado da História das Religiões*. São Paulo: Martins Fontes, 1997.

FAZENDA, I. (Org.) *Práticas Interdisciplinares na Escola*. 7ª ed. São Paulo: Cortez, 2001.

______(Org.) *Dicionário em Construção: Interdisciplinaridade*. São Paulo: Cortez, 2001.

FRANKL, V. *Psicoterapia e Sentido da Vida*. São Paulo: Quadrante, 1980.

GALVANI, P. *Autoformation et fonction de formateur*. Lyon: Chronique Sociale, 1991.

______*Quête de sens et formation – anthropologie du blason et de l'autoformation*. Paris: L'Harmattan, 1997.

GHILS, P. *Standardized Terminologies and Cultural Diversity*. La Haye: Kluwer Academy Publishers, n.23, v.1, 1992. [conferir]

______*Pour une Europe transculturelle*. Trieste: Editre Edizioni, 1993.

______*Les Logiques de l'international: de l'inter-étatique au transnational*. In: DUPUY, R.-J. Les relations internationales à l'épreuve de la science politique. Paris: Economica, 1993.

GRUPO 21, (diversos autores). *O Homem do Futuro, Um Ser em Construção*. São Paulo: Triom, 2002.

GUATARI, F. *As Três Ecologias*. Campinas: Papirus, 1999.

HEISENBERG, W. *A Parte e o Todo*. Rio de Janeiro: Contraponto, 1996.

HOFSTADTER, D. R. *Gödel, Escher, Bach*. Barcelona: Tusquets, 1998.

HOLTON, G. *Thematic Origin of Scientific Thought: Kepler to Einstein*. Harvard: Harvard University Press, 1973.

______*L'Imagination scientifique*. Paris: Gallimard, 1981.

HORGAN, J. *The End of Science*. New York: Helix Books, 1996.

HUSSERL, E. *Meditações Cartesianas*. São Paulo: Madras, 2001.

HUYGHE, R. *L'Art et l'âme*. Paris: Flammarion, 1987.

______*Une Vie pour l'art: de Léonard à Picasso*. Paris: Édition de Fallois, 1994.

JORGE, M. A. J. *Da Epistemologia à Biologia*. Lisboa: Instituto Piaget, 1994.

JUARROZ, R. *Poesie et réalité*. Paris: Lettres Vives, 1987.

KAKU, M. *Hiperespaço*. Rio de Janeiro: Rocco, 2000.

KANDINSKY, W. *Ponto e Linha sobre o Plano*. São Paulo: Martins Fontes, 1997.

KESHAVJEE, S. *O Rei, o Sábio e o Bufão*. São Paulo: Novalexandria, 1999.

KITARO, N. *Coincidentia Oppositorum and Love*. Quioto: Easter Buddhist, 1997.

KOYRÉ, A. *Estudos de História do Pensamento Científico*. Rio de Janeiro: Forense-Universitária/UNB, 1982.

LE MOIGNE, J. L. *Système et paradoxe: autour de la pensée d'Yves Barel*. Paris: Seuil, 1993.

______*La Modelisation des systèmes complexes: Afcet Ystèmes*. Paris: Dunod, 1995.

______*A Inteligência da Complexidade*. São Paulo: Peirópolis, 2000.

LUPASCO, S. *Le Principe d'antagonisme et la logique de l'energie*. Monaco: Le Rocher, 1987.

______*L'Énergie et la matière psychique*. Monaco: Le Rocher, 1987.

______*O Homem e as Suas Três Éticas*. Lisboa: Instituto Piaget, 1994.

MAGNIN, T. *Quel Dieu pour un monde scientifique?* Paris: Nouvelle Cité, 1993.

MARCUS, S. *To Paradocso*. Atenas: Pneumaticos, 1986.

______*La Poetica matematica*. Havana: Editorial Arta y Literatura, 1986.

______*Symbols in a Multidimensional Space*. In: Semiotics 1990. New York/London: University Press of America, 1993.

MATURANA, H.R.; VARELA, F.J. *A Árvore do Conhecimento*. Campinas: Psy, 1995.

MEDINA, C. (Org.) *Novo Pacto da Ciência. (A Crise dos Paradigmas – 1º Seminário Transdisciplinar)* São Paulo: USP/ECA, 1990-1991.

MITCHELL-WALDROP, M. *Complexity: The Emerging Science at the Edge of Order and Chaos*. New York/London: Simon & Schuster, 1992.

MORIN, E. *O Método*: I. *A Natureza da Natureza*, 1977; II. *A Vida da Vida*, 1980; III *O Conhecimento do Conhecimento*, 1986; IV. *As Idéias: A Sua Natureza, Vida, Habitat e Organização*, 1991. Publicações Europa-América Portugal.

______*Introdução ao Pensamento Complexo*. Lisboa: Instituto Piaget, 1991.

______*Complexidade e Transdisciplinaridade – A Reforma da Universidade e do Ensino Fundamental*. Natal: UFRN, 1999.

______*Ciência com Consciência*. 4ª ed. Rio de Janeiro: Bertrand Brasil, 2000.

______*A Cabeça Bem Feita*. 3ª ed. Bertrand Brasil: Rio de Janeiro, 2001.

NICOLESCU, B. *Ciência, Sentido e Evolução: A Cosmologia de Jacob Boehme*. São Paulo: Attar, 1995.

______*O Manifesto da Transdisciplinaridade*. São Paulo: Triom, 1999.

______*Nous, la particule et le monde*. 2ª ed. Monaco: Rocher, 2002.

______*Stéphane Lupasco, O Homem e a Obra*. São Paulo: Triom, 2001.

PASSET, R. et al. *Du Cosmos à l'homme: comprendre la complexité*. Paris: L'Hartmattan, 1991.

PAUL, P. *Os Diferentes Níveis de Realidade*. São Paulo: Polar, 1996.

______*Tendre la main au vide*. Paris: Prieuré, 1997.

______*Pratiques médicales, formations et transdisciplinarité*. Tours, França, 2001. Doutorado em Ciências da Educação. Faculdade de Ciências do Homem e da Sociedade da Universidade François Rabelais de Tours.

PEIRCE, C. S. *Selected Writings*. Dover: Philip P. Wiener, 1980.

______*Philosophical Writings of Peirce*. Dover: Justus Buchler, 1986.

PERETTI, A. *Organiser des formations*. Paris: Hachette, 1992.

PERRY, W. *A Treasury of Traditional Wisdom*. Paperback, 1992.

PINEAU, G. *Produir savie: autoformation et autobiografie*. Montreal/ Paris: L'Harmattan, 1983.

______*Temps et contretemps*. Paris: Éditions Universitaires, 1987.

______*Les Histoires de vie*. Paris: PUF, 1996.

PLOTINO. *Tratados das Enéadas*. São Paulo: Polar, 2000.

PRIGOGINE, I. *A Nova Aliança*. Brasília: UNB, 1997.

QUÉAU, P. *Metaxu: théorie de l'art intermédiaire*. Seyssel: Champ Vallon/INA, 1989.

______*Le Virtuel: vertus et vertiges*. Seyssel: Champ Vallon, 1993.

RAINE, K. *Le Monde vivant de l'imagination*. Monaco: Rocher, 1998.

RANDOM, M. *L'Art visionnaire*. Paris: Philippe Lebaud, 1991.

______*O Pensamento Transdisciplinar e o Real*. São Paulo: Triom, 2000.

SALAM, A. *A Unificação das Forças Fundamentais*. Rio de Janeiro: Zahar, 1993.

SALLATIN, X. *Analyse dimmensionnelle du hasard quantique*. BENA 4, 1991.

______*Contingence et nécessité du sens*. BENA 6, 1993.

______*Science and Theology About Randomness and Freedom*. Genève: Labor et Fides, 1994.

SCHAYA, L. *La Création en Dieu à la lumière du judaïsme, du christianisme et de l'islam*. Paris: Dervy-Livres, 1983.

SCHRÖDINGER, E. *O Que é Vida?* São Paulo: UNESP, 1997.

SCHUON, F. *Logic and transcendence*. London: Perennial Books, 1984.

SHELDRAKE, R. *Une Nouvelle science de la vie*. Paris: Rocher, 1985.

SNOW, C. P. *As Duas Culturas e uma Segunda Leitura*. São Paulo: Edusp, 1995.

SOLÉ, A. *Créateurs de mondes*. Monaco: Rocher, 2000.

STEWART, J. *Sciences cognitives: enjeux scientifiques et politiques*. Terminal: Paris, n. 55, 1991.

______*Life-Cognition: the Epistemological and Ontological Significance of Artificial Life*. MIT Press, Bradford Books, 1992.

______*Science et politique: le cas des sciences cognitives*. Écologie Politique, Paris, n. 3-4, 1992.

VARELA, F. *Autonomie et connaissance: essai sur le vivant*. Paris: Seuil, 1987.

______*Connaître: les sciences cognitives, tendances et perspectives*. Paris: Seuil, 1989.

______*The Embodied Mind*. MIT Press, 1991.

______*The View From Within*. Blowing Green: Imprint Academic, 2000.

VAZ, H. C. L. *Escritos Filosóficos*. São Paulo: Loyola, 1998.

______*Antropologia Filosófica*. São Paulo: Loyola, 2000.

WEINBERG, S. *Dreams of a Final Theory*. London: Vintage, 1993.

WUNENBURGER, J.J. *A Razão Contraditória*. Lisboa: Instituto Piaget, [s/d].

______*L'Imagination*. Paris: PUF, 1991.

______*Philosophie des images*. Paris: PUF, 1997